基层供电企业实用法律知识

国网浙江省电力有限公司湖州供电公司 编

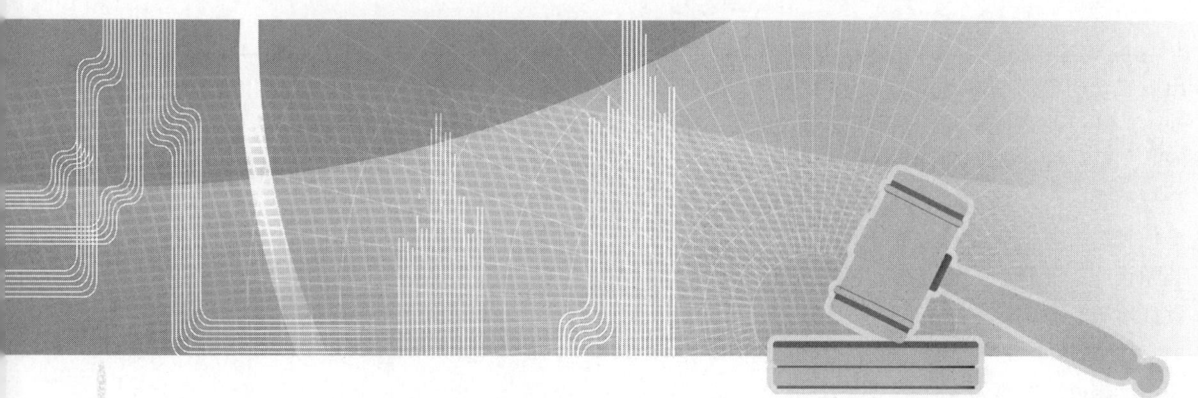

中国电力出版社
CHINA ELECTRIC POWER PRESS

内 容 提 要

为进一步强化基层供电企业法治工作，提升全员遵法、学法、守法、用法的能力和水平，国网浙江省电力有限公司湖州供电公司编写《基层供电企业实用法律知识》一书。

全书共七章，包括法律基础知识概述、电网建设法律问题、电力营销管理法律问题、电力运维管理法律问题、新型电力业务管理法律问题、电网企业内部管理法律问题、电力行业监管法律问题，可供基层供电企业工作人员学习使用。

图书在版编目（CIP）数据

基层供电企业实用法律知识/国网浙江省电力有限公司湖州供电公司编．—北京：中国电力出版社，2023.7

ISBN 978-7-5198-7582-4

Ⅰ．①基…　Ⅱ．①国…　Ⅲ．①供电－工业企业－法律－基本知识－中国　Ⅳ．①D922.291.914

中国国家版本馆 CIP 数据核字（2023）第 028155 号

出版发行：中国电力出版社
地　　址：北京市东城区北京站西街 19 号（邮政编码 100005）
网　　址：http://www.cepp.sgcc.com.cn
责任编辑：肖　敏　刘子婷（010-63412363/2785）
责任校对：黄　蓓　马　宁
装帧设计：郝晓燕　赵姗姗
责任印制：石　雷

印　　刷：三河市万龙印装有限公司
版　　次：2023 年 7 月第一版
印　　次：2023 年 7 月北京第一次印刷
开　　本：787 毫米×1092 毫米　16 开本
印　　张：10.25
字　　数：194 千字
印　　数：0001—1500 册
定　　价：56.00 元

编　委　会

主　　编　雷江平　胡　杰

副 主 编　孟庆波　李　丰

编写人员　罗淑梅　顾胜权　王　颖　狄　燕

　　　　　刘承飞　顾维昱　袁雪元　谢天琪

　　　　　林　娄　唐　敏

前　　言

为深化基层供电企业普法宣传，传达法律基础知识，提升全员法治意识和法治水平，进一步提升基层供电企业法治建设水平，国网浙江省电力有限公司湖州供电公司在《基层供电企业实用法律问答》的基础上，进一步深化调研，编写了《基层供电企业实用法律知识》，为企业依法合规经营打下基础。

全书共七章，包括法律基础知识概述、电网建设法律问题、电力营销管理法律问题、电力运维管理法律问题、新型电力业务管理法律问题、电网企业内部管理法律问题、电力行业监管法律问题。本书根据实际需求，收集了行业相关法律法规和规范，对基层供电企业常见的法律知识进行系统梳理，对典型法律问题进行分析，为电网建设、电力营销、电力运维等领域工作中常见的业务工作提供了相关法律知识支撑，具有较强的针对性和指导性，对员工基础法治宣传和教育、特定专业领域法律法规知识培训等起到强力支撑的作用。

在本书的编写、修改和审定过程中，得到了诸多法律、业务工作领域专家和有关单位的大力支持和帮助，在此谨表示诚挚的谢意。

本书编写过程历经多次修改，因受编者能力和编写时间所限，书中难免存在不妥之处，敬请读者批评指正。

编　　者

2023 年 2 月

目　录

第一章

法律基础知识概述

第一节 我国法律体系与法律部门

法律体系，是指由一国现行的全部法律规范按照不同的法律部门分类组合而形成的一个呈体系化的有机联系的统一整体。法律部门，是指根据一定的标准和原则，按照法律规范自身的不同性质、调整社会关系的不同领域和不同方法等所划分的同类法律规范的总和。

我国的法律体系是以宪法为统帅，以法律为主干，以行政法规、地方性法规为重要组成部分，由多个法律部门组成的有机统一整体。

（1）宪法相关法部门 4 个。

1）有关国家机构的产生、组织、职权和基本工作制度方面的法律，包括《中华人民共和国全国人民代表大会和地方各级人民代表大会选举法》《中华人民共和国全国人民代表大会和地方各级人民代表大会代表法》《中华人民共和国全国人民代表大会组织法》《中华人民共和国国务院组织法》《中华人民共和国人民法院组织法》《中华人民共和国人民检察院组织法》《中华人民共和国立法法》《中华人民共和国全国人民代表大会议事规则》《中华人民共和国全国人民代表大会常务委员会会议事规则》等。

2）有关民族区域自治制度、特别行政区制度、基层群众自治制度方面的法律，包括《中华人民共和国民族区域自治法》《中华人民共和国香港特别行政区基本法》《中华人民共和国澳门特别行政区基本法》《中华人民共和国村民委员会组织法》《中华人民共和国城市居民委员会组织法》等。

3）有关维护国家主权、领土完整和国家安全方面的法律，包括《中华人民共和国领海及毗连区法》《中华人民共和国专属经济区和大陆架法》《中华人民共和国戒严法》以及《中华人民共和国国旗法》《中华人民共和国国徽法》《中华人民共和国国籍法》等。

4）有关保障公民基本政治权利方面的法律，包括《中华人民共和国全国人民代表大会和地方各级人民代表大会选举法》《中华人民共和国集会游行示威法》等。

（2）民商法部门 2 个。

1）民事法律，包括《中华人民共和国民法典》《中华人民共和国商标法》《中华人民共和国专利法》《中华人民共和国著作权法》等。

2）商事法律，包括《中华人民共和国公司法》《中华人民共和国合伙企业法》《中华人民共和国个人独资企业法》《中华人民共和国证券法》《中华人民共和国保险法》《中华人民共和国票据法》《中华人民共和国海商法》《中华人民共和国商业银行法》《中华人民共和国信托法》等。

（3）行政法部门没有明确的分支划分，数量众多的行政法律涉及国防、外交、国家安全、治安管理、司法行政、城市建设、环境保护以及教育、科技、文化、卫生、体育等各个行政管理领域。

（4）经济法部门 6 个。

1）有关宏观调控方面的法律，包括《中华人民共和国预算法》《中华人民共和国审计法》《中华人民共和国中国人民银行法》《中华人民共和国价格法》《中华人民共和国个人所得税法》《中华人民共和国税收征收管理法》《中华人民共和国银行业监督管理法》等。

2）有关规范市场秩序和竞争规则方面的法律，包括《中华人民共和国反不正当竞争法》《中华人民共和国消费者权益保护法》《中华人民共和国产品质量法》《中华人民共和国广告法》《中华人民共和国招标投标法》《中华人民共和国政府采购法》《中华人民共和国证券投资基金法》等。

3）有关扩大对外开放和促进对外经济贸易发展方面的法律，包括《中华人民共和国中外合资经营企业法》《中华人民共和国中外合作经营企业法》《中华人民共和国外资企业法》《中华人民共和国对外贸易法》《中华人民共和国进出口商品检验法》《中华人民共和国进出境动植物检疫法》等。

4）有关促进重点产业振兴和发展方面的法律，包括《中华人民共和国农业法》《中华人民共和国铁路法》《中华人民共和国民用航空法》《中华人民共和国公路法》《中华人民共和国电力法》《中华人民共和国煤炭法》《中华人民共和国建筑法》《中华人民共和国城市房地产管理法》《中华人民共和国港口法》等。

5）有关自然资源保护和合理开发利用方面的法律，包括《中华人民共和国土地管理法》《中华人民共和国森林法》《中华人民共和国草原法》《中华人民共和国水法》《中华人民共和国水土保持法》《中华人民共和国矿产资源法》等。

6）有关经济活动规范化、标准化方面的法律，包括《中华人民共和国标准化法》《中华人民共和国计量法》《中华人民共和国统计法》《中华人民共和国测绘法》等。

（5）社会法部门 2 个。

1）有关劳动关系、劳动保障和社会保障方面的法律，包括《中华人民共和国劳动法》《中华人民共和国工会法》《中华人民共和国矿山安全法》《中华人民共和国职业病防治法》《中华人民共和国安全生产法》等。

2）有关特殊社会群体权益保障方面的法律，包括《中华人民共和国残疾人保障法》《中华人民共和国未成年人保护法》《中华人民共和国预防未成年人犯罪法》《中华人民共和国归侨侨眷权益保护法》《中华人民共和国妇女权益保障法》《中华人民共和国老年人权益保障法》《中华人民共和国公益事业捐赠法》等。

（6）刑法部门内容和形式皆已高度整合，没有分支划分。

（7）诉讼与非诉讼程序法部门内容相对单一，大致有两个分支。

1）有关诉讼的法律，包括《中华人民共和国刑事诉讼法》《中华人民共和国民事诉讼法》《中华人民共和国行政诉讼法》《中华人民共和国海事诉讼特别程序法》等。

2）有关仲裁的法律，主要是《中华人民共和国仲裁法》。

与电力系统工作密切相关的法律主要有民事法律、行政法律、刑事与诉讼法律制度。其中，民事法律制度中的物权、合同、侵权法律制度与电力工作联系紧密。

第二节 《中华人民共和国电力法》

一、电力法的概念

电力法有广义和狭义之分。广义的电力法是指调整人们在电力建设、电力生产、电力供应、电力使用和电力管理过程中发生的社会关系的法律规范的总称，包括国家管理电力的法律、行政法规、部门规章条例和地方性法规等。狭义的电力法是指《中华人民共和国电力法》，是电力法律法规的核心内容。

二、电力法律法规体系的概念

电力法律法规体系是指以《中华人民共和国电力法》为核心，有关电力开发建设、生产、运维、供应、使用及保护方面的法律、行政法规、地方性法规以及规章、规范性文件为补充，形成的不同层次、不同等级、不同方面的特定法律体系。随着我国电力法律体系的日益完善，目前我国电力法律法规体系可分为电力法律、电力行政法规、电力地方性法规和电力规章。其中，电力规章既包括国务院电力管理部门颁布的规章，也包括省、自治区、直辖市人民政府制定的规章。

三、《中华人民共和国电力法》的基本内容

《中华人民共和国电力法》保障和促进电力事业的发展，维护电力投资者、经营者

和使用者的合法权益，保障电力安全运行。现行的《中华人民共和国电力法》由总则、电力建设、电力生产与电网管理等十章构成，总计七十五条。

（一）立法宗旨和原则

总则部分，提纲挈领规定了《中华人民共和国电力法》的立法宗旨、适用范围、基本原则等基础内容。

电力在国民经济中具有基础性地位，作为基础能源动力之一，涉及社会各行各业和千家万户的生产生活。电能是一种特殊形式的商品，其生产、输送和使用必须连续不断地进行，且生产、销售和消费必须同时完成。加之电力具有典型的公用事业属性，电网环节具有自然垄断的特点。因此，采用立法的形式为其制定行为规范，支持其发展，明确相关主体的权利、义务和责任尤其必要。《中华人民共和国电力法》第一条开宗明义地规定，为了保障和促进电力事业的发展，维护电力投资者、经营者和使用者的合法权益，保障电力安全运行，制定本法。表明其立法目的在于维护良好的公用事业秩序，保护相关主体合法权益。

在适用范围上，《中华人民共和国电力法》第二条亦明确，本法适用于中华人民共和国境内的电力建设、生产、供应和使用活动。

在基本原则上，主要有电力事业投资实行谁投资、谁收益，电力设施受国家保护，电力建设、生产、供应和使用应当依法保护环境。

在宏观战略上，立法者的眼光较为长远，明确提出电力事业应当适应国民经济和社会发展的需要，适当超前发展。要求电力建设、生产、供应和使用采取新技术，减少有害物质排放，防治污染和其他公害。国家鼓励和支持利用可再生能源和清洁能源发电，帮助和扶持少数民族地区、边远地区和贫困地区发展电力事业，并对在研究、开发、采用先进的科学技术和管理方法等方面作出显著成绩的单位和个人给予奖励。

在组织管理上，《中华人民共和国电力法》规定，国务院电力管理部门负责全国电力事业的监督管理。国务院有关部门在各自的职责范围内负责电力事业的监督管理。县级以上地方人民政府经济综合主管部门是本行政区域内的电力管理部门，负责电力事业的监督管理。县级以上地方人民政府有关部门在各自的职责范围内负责电力事业的监督管理。

电力建设企业、电力生产企业、电网经营企业，作为独立的法人主体，依法实行自主经营、自负盈亏，并接受电力管理部门的监督。

（二）电力建设

1. 电力建设的概念

电力建设是指以扩大电力生产能力或新增工程效益为主要目的的新建、扩建工程及选址、勘探、规划等前期工作。电力建设主要调整以下社会关系：

（1）国家在电力建设中的权利和义务。

（2）地方人民政府在电力建设中的权利和义务。

（3）电力企业在电力建设中的权利和义务。

（4）电力投资者在电力建设中的权利和义务。

2. 电力建设主要法律制度

（1）电力发展规划。依据《中华人民共和国电力法》第十条规定，电力发展规划应当根据国民经济和社会发展的需要制定，并纳入国民经济和社会发展计划。电力发展规划，应当体现合理利用能源、电源与电网配套发展、提高经济效益和有利于环境保护的原则。电力发展规划通常与国民经济发展规划相配套，以专项规划的形式出现。

电力发展规划应体现合理利用能源的要求。在规划电源布局和骨干电网结构时，应结合现有能源节约利用的实际情况，充分考虑能源的分布情况和实际需要与可行性。在优化现有能源结构的同时，推动能源综合开发利用。

电源与电网配套发展应同步建设，统筹布局。要充分考虑到电力生产、销售和使用三者不可分割的特殊性，在进行电源建设的同时，必须同时建设与其配套的输变电设施、调度通信自动化设施。

制定电力发展规划要考虑经济效益回报。必须从国民经济的整体利益出发，通过严格、科学的计算和分析，优化工程投资测算，加强施工进度管控、技术优化，使电力建设符合经济规律，做到合理利用能源，充分发挥投资效果，提高经济效益。

制定电力发展规划要有利于环境保护。要聚焦减少和避免电力建设对环境带来的负面影响，如大气、水、固体废弃物、电磁波、噪声等污染。

支持、促进电力建设，推动电力建设积极发展，也是国家和政府一项重要的责任。依据《中华人民共和国电力法》第十二条规定，地方人民政府应当根据电力发展规划，因地制宜，采取多种措施开发电源，发展电力建设。

（2）城市电网发展的建设和改造规划。依据《中华人民共和国电力法》第十一条规定，城市电网的建设与改造规划，应当纳入城市总体规划。城市人民政府应当按照规划，安排变电设施用地、输电线路走廊和电缆通道。任何单位和个人不得非法占用变电设施用地、输电线路走廊和电缆通道。该条款明确要求将城市电网的建设改造纳入城市总体规划，要求城市规划管理部门与当地供电部门负责，推进城市电网建设布局，城市人民政府应当根据规划安排电网设施建设用地。同时，电力建设要依法使用土地，遵守土地管理规定，并切实保护耕地，节约利用土地。

建设过程中，不得使用国家明令淘汰的电力设备和技术。根据国家有关规定，应当淘汰的电力设备和技术主要有以下几类：

1）严重老化、技术性能差的电力设备。

2）耗能高、效率低、经济效益差的电力设备和技术。

3）严重污染环境危害人身安全与健康的电力设备和技术。

4）其他应当淘汰的电力设备和技术。

（3）保护电力投资者的合法权益。依据《中华人民共和国电力法》第十三条规定，电力投资者对其投资形成的电力，享有法定权益。并网运行的，电力投资者有优先使用权；未并网的自备电厂，电力投资者自行支配使用。本条规定从3个方面规范了电力投资者合法权益保护：①享有投资产生的合法权益，包括管理权、使用权、收益权等。这些权益受到法律保护，任何单位和个人不得非法侵犯和干预。②并网运行中的优先使用权。投资者对电力的需求，电力部门、电网调度机构和供电企业应当优先考虑供给，不得拒绝、拖延或者克扣电量。③未并网的自备电厂，电力投资者享有所有权、管理权和电力使用权，任何单位和个人不得非法干预。

（4）电力建设中的“四同时”。依据《中华人民共和国电力法》第十五条规定，输变电工程、调度通信自动化工程等电网配套工程和环境保护工程，应当与发电工程项目同时设计、同时建设、同时验收、同时投入使用。

1）同时设计要求，即在进行电力系统设计和编制电力建设任务书时，必须对电网配套工程统筹考虑。电力系统设计是在电力系统规划的基础上进行，电力建设任务设计书必须将电网配套工程作为一个重要组成部分与发电工程项目同时进行设计，并应当保证设计的科学性和合理性，使其能够与发电工程项目相协调。

2）同时建设要求，即电网配套工程应当与发电工程项目基本同时开工建设，不能借故推托，施工单位必须按照预先的设计进行施工并不得擅自改变设计，以免发电工程建设好，配套工程却不能投入使用。

3）同时验收要求，即对于发电主体项目的验收，必须与电网配套工程的验收同步，并且要把是否建设完成配套电网工程作为验收必要的审查条件。

4）同时投入使用要求，即所有新建设的发电工程，投入使用前都必须建成相应的输变电设施和调度通信自动化设施等电网配套设施，没有建成的不得投入运行。对于建成的电网配套工程，不得弃置不用。

（三）电力生产与电网管理

1. 电力生产与电网的概念

《中华人民共和国电力法》规定的电力生产是指把各种一次能源转换成电能并输送和分配到用户的过程，包括发电、输电、配电、变电和电能销售等环节。

电网又称电力系统，是一个电力生产、流通和消费的系统，是由发电、供电、用电设施以及保证上述设施安全经济运行所需的继电保护、安全自动装置、电力计量装置、电力通信设施和电网调度自动化设施所组成的整体。

2. 电力生产与电网运行应当遵循的原则

依据《中华人民共和国电力法》第十八条规定，电力生产与电网运行应当遵循安全、优质、经济的原则。电网运行应当连续、稳定，保证供电可靠性。

（1）安全原则。安全是企业的生命线。电力生产与电网运行，必须坚持安全的原则。要按照有关规定，连续、稳定、正常地生产运行，防止设备损坏造成停电事故，尤其是电网运行事故。突然中断供电，可能会造成国民经济和人民生活的瘫痪、社会秩序混乱，甚至发生更为严重的事故，给社会造成不可弥补的损失。因此，电力企业承担着异常重大的安全责任。

（2）优质原则。电能对质量要求非常严格。电压和频率的质量不仅直接影响电力用户终端产品，而且直接关系电网本身的安全和电力用户用电的可靠性。电网质量不由电网某个环节所决定，而依赖于全电网所有发电、输电、变电、配电、用电单位的协同运行，这也是保证优质电能的前提。

（3）经济原则。电力生产与电网运行，必须要考虑成本、发电能源消耗及网损率等关键指标，要合理经济地利用能源，使每个电力企业和电网能在实现最大经济效益的方式下运行。电力企业要采取各种措施，降低发电煤耗、发电用水、用电、水量等消耗，减少电力输送过程中的功率损耗。

3. 安全生产管理

安全生产管理是电力企业的一项重要工作内容，需要从思想上认识到安全生产的重要性，并在组织机构、人员配置和制度建设上落实。电力安全生产管理制度，一般应包括下列内容：

（1）安全生产责任制度。这是电力安全生产制度的核心，包括企业领导、各级管理人员以及操作值班人员等在安全生产方面应负的责任。

（2）生产值班制度。电力生产和电网运行值班人员，必须熟悉电力生产或电网运行设备，有实际工作经验。

（3）操作票制度。这是电网管理特有的安全生产制度，是指操作值班人员必须根据调度命令或生产指挥人员命令并复诵无误后执行。每张操作票只能有一个操作任务，倒闸操作必须有两人执行，特别重要和复杂的倒闸操作，要有熟练的值班人员操作，值班负责人或值班长监护。

（4）工作许可制度。电力生产和电网运行工作现场采取了安全措施后，经有关负责人许可，并指明注意事项，由负责人和操作人分别签名后，方可工作。

（5）安全生产教育制度。要经常对工人、技术人员、管理人员等各岗位员工和领导开展安全教育。

（6）电力设施定期检修和维护制度。日常加强电力设施检修保养，及时发现不良现象和安全隐患。

4. 电网运行管理原则

（1）统一调度、分级管理原则。统一调度、分级管理是一个不可分割的整体。

（2）禁止非法干预电网调度原则。非法干预是指，一切违反《中华人民共和国电力法》、电力行政法规、电力规章制度、规程、规范的规定，以限值、阻挠、威胁等办法干预调度值班人员履行职务的行为。

电网的正常秩序是依靠指令来完成和实现的，调度指令是由调度值班人员根据电网运行情况发出的。有效的调度指令能保证电网安全、优质、经济运行。禁止非法干预电网调度可视为是对保证统一调度、分级管理原则实现的补充，对保证电网安全、优质和经济运行有着重要的意义。

5. 并网电厂

国家提倡电力生产企业与电网、电网与电网并网运行。具有独立法人资格的电力生产企业要求将生产的电力并网运行的，电网经营企业应当接受。

并网可通过协议实现。并网运行的电厂，应在发电厂建设项目立项之前，与并网的电网企业联系，就并网容量、发电时间、上网电价、上网电量等达成电量购销意向性协议。电网经营企业与并网发电厂应根据国家法律、行政法规和有关规定，签订并网协议，且在并网发电之前签订并网电量购销合同。并网双方达不成协议的，由省级以上电力管理部门协调决定。

（四）电力供应与使用

1. 电力供应与使用原则

《中华人民共和国电力法》第二十四条规定了电力供应与使用的基本原则，即国家对电力供应和使用，实行安全用电、节约用电、计划用电的管理原则。

2. 供电营业区的设立、变更

成立供电企业不仅要满足企业法人登记设立的一般要件，还需经过电力供应的特殊审批，并且只能在批准的供电营业区内向用户供电。供电营业区的划分应当考虑电网结构和供电合理性等因素。一个供电营业区内只设立一个供电营业机构。供电营业区的设立、变更，由供电企业提出申请，电力管理部门依据职责和管理权限，会同同级有关部门审查批准后，发给《电力业务许可证》。

3. 供电企业与用户的义务

供电营业区内的供电营业机构，对本营业区内的用户有按照国家规定供电的义务，不得违反国家规定对其营业区内申请用电的单位和个人拒绝供电。申请新装用电、临时用电、增加用电容量、变更用电和终止用电，应当依照规定的程序办理手续。供电企业应当保证供给用户的供电质量符合国家标准。对公用供电设施引起的供电质量问题，应当及时处理。

供电企业在发电、供电系统正常的情况下，应当连续向用户供电，不得中断。因供电设施检修、依法限电或者用户违法用电等原因，需要中断供电时，供电企业应当按照国家有关规定事先通知用户。因抢险救灾需要紧急供电时，供电企业必须尽速安排供电。

用户用电不得危害供电、用电安全和扰乱供电、用电秩序。对危害供电、用电安全和扰乱供电、用电秩序的，供电企业有权制止。用户应当安装用电计量装置。用户使用的电力电量，以计量检定机构依法认可的用电计量装置的记录为准。供电企业应当按照国家核准的电价和用电计量装置的记录，向用户计收电费。供电企业查电人员和抄表收费人员进行用电安全检查或者抄表收费入户时，应当出示有关证件。

（五）电价与电费

1. 电价概念

《中华人民共和国电力法》规定的电价，是指电力生产企业的上网电价、电网间的互供电价、电网销售电价。

上网电价既指独立经营的电力生产企业向电网输送电能商品的结算价格，也指电网经营企业向独立经营的电力生产企业收购电能商品的购电价格。

电网间的互供电价是指电网与电网之间相互销售电力的价格。售电方与购电方都是电网经营企业。

电网销售电价是指电网经营企业向用户销售电能的电价。

2. 电价原则

我国电价管理实行统一政策、统一定价、分级管理。制定电价的一般原则是合理补偿成本、合理确定收益、依法计入税金、坚持公平负担、促进电力建设。制定上网电价的特殊原则是实行同网同质同价。

（1）统一政策，是国家制定和管理电价的行为准则，是国家物价政策的组成部分。同一地区、同一电网、同一类型的发电、供电、用电的电价政策应当相对统一，方能公平竞争，调动市场主体的积极性。

（2）统一定价，是国家制定电价的基本原则，即由物价部门统一指导电价调整。

（3）分级管理，电价关系到国民经济全局和人民群众切身利益，因此，电价仍以国家管理为主，企业协商定价是国家确定电价的前置程序。

国家制定电价，是一个综合考虑，多方平衡的过程，主要依据以下原则：

（1）合理补偿成本。合理补偿成本是指电价必须能够补偿电力生产和流通全过程的成本费用。电力是基础公用事业，涉及面广泛，若长期亏损，必然不能持久。

（2）合理确定收益。从现代企业发展看，电价中一定的利润率是合理确定收益的重要组成部分。电力企业的收益主要包括使用资本和费用以及具有筹资属性的费用，用于电力继续发展。合理确定收益，包含有三重含义：①电价受国家管制，利润水平严格受到国家控制，不得由电力企业获得超额利润；②电价应能使得资金具有偿还能力，即还本付息和支付股息的能力；③允许电力企业自我发展，国家通过电价确定合理收益水平和标准，作为电力企业筹资的重要渠道，以利于电力企业能够扩大再生产。

（3）依法计入税金。这里的税金，是指依据国家法律允许纳入电价的税种、税款。凡是国家税法规定不可以纳入价格的税种，在制定、调整电价时不应当计入。

（4）公平负担。制定电价时，要从电力公用性和发电、供电、用电特殊性出发，向用户收取电费时必须公平合理。政府价格政策和电力企业的营业政策都不得实行价格歧视，电价结构的安排要根据电力生产和商品的特点，区别用户用电特性，公平合理划定定价收费区间。

3. 特殊电价制定与管理

上网电价实行同网同质同价，这是上网电价的特殊原则，是对上述原则的例外规定。所谓同网同质同价，即按质论价，是按照电力商品和服务质量的优劣分别制定不同的电价或收费标准。同网同质同价是国家合理安排电能质量差价的基本原则，是国家物价政策引进电力商品电价原则的重要内容。同网同质同价不是按照电力商品的使用价值定价，而是按照电力商品的价值量为基础定价，要求在制定或调整电价时，将价值和使用价值统一起来考虑。

4. 电价制定程序与电价管理权限

国家实行分类电价和分时电价。对同一电网内的同一电压等级、同一用电类别的用户，执行相同的电价标准。任何单位不得超越电价管理权限制定电价。供电企业不得擅自变更电价。

跨省、自治区、直辖市电网和省级电网内的上网电价，由电力生产企业和电网经营企业协商提出方案，报国务院物价行政主管部门核准。

独立电网内的上网电价，由电力生产企业和电网经营企业协商提出方案，报有管理权的物价行政主管部门核准。

地方投资的电力生产企业所生产的电力，属于在省内各地区形成独立电网的或者自发自用的，其电价可以由省、自治区、直辖市人民政府管理。

跨省、自治区、直辖市电网和独立电网之间、省级电网和独立电网之间的互供电价，由双方协商提出方案，报国务院物价行政主管部门或者其授权的部门核准。

独立电网与独立电网之间的互供电价，由双方协商提出方案，报有管理权的物价行政主管部门核准。

跨省、自治区、直辖市电网和省级电网的销售电价，由电网经营企业提出方案，报国务院物价行政主管部门或者其授权的部门核准。

独立电网的销售电价，由电网经营企业提出方案，报有管理权的物价行政主管部门核准。

（六）农村电力建设和农业用电

我国是农业生产大国，地域辽阔，各地自然条件、地理位置、资源状况、经济基础差异大，农村电气化事业发展不平衡。在相当长一段时期内，我国农村电气化主要是解决通电面和农村供电的可靠率、电压合格率、供电设备合格率以及经济效益等问题，在用电管理上主要是解决触底伤亡、线损等问题。

《中华人民共和国电力法》特别规定了对农业和农村电力建设的优惠和扶持。要求省、自治区、直辖市人民政府应当制定农村电气化发展规划。依据《中华人民共和国电力法》第四十七条规定，国家对农村电气化实行优惠政策，对少数民族地区、边远地区和贫困地区的农村电力建设给予重点扶持。国家对农村电力建设的优惠政策，主要体现在以下几个方面：

（1）实行城乡同网同价。

（2）农业用电价格按照保本、微利的原则确定。

（3）加大农村电网改造力度和速度。

（4）国家提倡农村开发水能资源，建设中、小型水电站，促进农村电气化。

国家鼓励和支持农村利用太阳能、风能、地热能、生物质能和其他能源进行农村电源建设，增加农村电力供应。

（七）电力设施保护

电力设施是电力生产、销售、使用的基础设施。关于电力安全生产与电能正常供应，《中华人民共和国电力法》明确规定，任何单位和个人不得危害发电设施、变电设施和电力线路设施及其有关辅助设施。电力管理部门应当按照国务院有关电力设施保护的规定，对电力设施保护区设立标志。任何单位和个人需要在依法划定的电力设施保护区内进行可能危及电力设施安全的作业时，应当经电力管理部门批准并采取安全措施后，方可进行作业。

（八）监督检查

电力管理部门依法对电力企业和用户执行电力法律、行政法规的情况进行监督检查。电力监督检查人员进行监督检查时，有权向电力企业或者用户了解有关执行电力法律、行政法规的情况，查阅有关资料，并有权进入现场进行检查。电力企业和用户对执行监督检查任务的电力监督检查人员应当提供方便。

第三节 电力行业其他相关法规

法律的配套立法是指国务院等有关国家机关根据法律条文的明确规定，为保证该法律的有效实施而对其中不具有操作性的原则性规范或概括性规定予以细化而制定的法规、规章或其他的规范性文件。目前《中华人民共和国电力法》的配套法规主要有3大类：①国务院制定的行政法规，如《电力设施保护条例》等；②部门规章，如《电力设施保护条例实施细则》等；③地方立法和地方政府规章，如《江苏省电力条例》和《浙江省电力设施保护办法》等。限于篇幅，本节仅简要介绍国务院颁布的电力行政法规，《电网调度管理条例》《电力供应与使用条例》《电力设施保护条例》和《电力监管条例》的主要内容。

一、《电网调度管理条例》

《电网调度管理条例》分为总则、调度系统、调度计划、调度规则、调度指令、并网与调度、罚则、附则八章，共三十三条，自1993年11月1日起施行。根据2011年1月8日《国务院关于废止和修改部分行政法规的决定》（中华人民共和国国务院令第588号）对该条例予以修正。该条例对《中华人民共和国电力法》规定的“电网运行实行统一调度、分级管理”加以细化，使之更具有操作性。

（一）明确了调度计划的操作性

跨省电网管理部门和省级电网管理部门应当编制发电、供电计划，并将发电、供电计划报送国务院电力行政主管部门备案。若遇有大中型水电厂（站）入库水量不足、火电厂的燃料短缺等情形，需要调整发电、供电计划时，应当通知有关地方人民政府的有关部门。

（二）明确了调度规则

细化了各级电网管理部门、发电厂在调度管理中的职责，规范了紧急状况下的调度操作规程。授权紧急状况下，值班调度人员可以调整日发电、供电调度计划，发布限电、调整发电厂功率、开或者停发电机组等指令；可以向本电网内的发电厂、变电站的运行值班单位发布调度指令。明确了常见紧急状况类型，值班调度人员有法可依。

（三）明确了调度指令的使用

在调度系统中，必须执行调度指令的原则下，细化了执行调度指令将危及人身及设备安全的特殊情况处理规则以及对调度指令有不同意见时的处理流程和操作指引。

（四）细化了调度管理中的法律责任

细化了电力企业职工违章调度或者不服从调度指令，尚未构成犯罪，应当承担的行政责任，尤其是细化了违规调度操作的具体情形以及调度机构对超计划用电用户的处罚权。

二、《电力供应与使用条例》

《电力供应与使用条例》由 1996 年 4 月 17 日国务院令第 196 号发布，自 1996 年 9 月 1 日起实施。该条例于 2016 年、2019 年分别由国务院作出修改。该条例分为总则、供电营业区、供电设施、电力供应、电力使用、供用电合同、监督与管理、法律责任、附则九章，共四十五条。该条例细化了《中华人民共和国电力法》中国家对电力供应和使用实行安全用电、节约用电、计划用电的管理原则。

（一）细化供电营业区设立、变更的具体办法

供电营业区的设立、变更，由供电企业提出申请，电力管理部门依据职责和管理权限，会同同级有关部门审查批准后，发给《电力业务许可证》。并网运行的电力生产企业按照并网协议运行后，送入电网的电力、电量由供电营业机构统一经销。

（二）细化供电设施建设和管理

细化供电设施建设和管理，具体到在城乡供电线路走廊、电缆通道、区域变电所、区域配电所和营业网点的用地上，架线、敷设电缆和建设公用供电设施。

明确公用路灯由乡、民族乡、镇人民政府或者县级以上地方人民政府有关部门负责建设，并负责运行维护和交付电费，也可以委托供电企业代为有偿设计、施工和维护管理。

明确公用、共用和用户专用的供电设施管理规则。公用供电设施建成投产后，由供电单位统一维护管理。经电力管理部门批准，供电企业可以使用、改造、扩建该供电设施。共用供电设施的维护管理，由产权单位协商确定，产权单位可自行维护管理，也可以委托供电企业维护管理。用户专用的供电设施建成投产后，由用户维护管理或者委托供电企业维护管理。

（三）细化电力使用规则

列举了 6 类用户危害供电、用电安全，扰乱正常供电、用电秩序的行为和 6 类窃电行为。为加强电力管理提供了明确的管理和处罚依据。

明确了供用电合同的必备条款，合同效力和变更、解除规则。

（四）细化了电力供应与使用法律责任

细化了逾期未交付电费的违约金计算方式，逾期停电程序，违规从事电力供应业务、违章用电、盗窃电能等的法律责任以及相关部门的处罚权。

三、《电力设施保护条例》

《电力设施保护条例》由中华人民共和国国务院于 1987 年 9 月 15 日发布，自发布之日起施行。根据 1998 年 1 月 7 日《国务院关于修改〈电力设施保护条例〉的决定》第 1 次修订，根据 2011 年 1 月 8 日《国务院关于废止和修改部分行政法规的决定》第 2 次修订。《电力设施保护条例》全文由总则、电力设施的保护范围和保护区、电力设施的保护、对电力设施与其他设施互相妨碍的处理、奖励与惩罚、附则构成，共六章三十二条，是供电企业开展电力基础建设、加强电力设施保护、规范供用电管理、维护供用电秩序等工作的重要法律法规。该条例细化了《中华人民共和国电力法》中电力设施保护的相关规定，主要表现在以下几方面。

（一）划定了电力设施的保护区和保护范围

根据架空电力线路和电力电缆线路的保护要求和技术规范，明确了电力线路保护区。针对发电设施、变电设施、电力线路设施的保护要求划定了保护范围。为电力设施保护实际工作指明了方向，更进一步落实具体责任。

（二）明确了电力设施保护的具体要求

首先明确了县以上地方各级电力管理部门关于保护电力设施的具体责任和必须采取的措施。如在必要的架空电力线路保护区的区界上，应设立标志，并标明保护区的宽度和保护规定等。

其次，明确了任何单位和个人在电力设施保护上的禁止性义务。如不得闯入发电厂、变电站内扰乱生产和工作秩序，移动、损害标志物；不得向电力线路设施射击；不得擅自在导线上接用电器设备，任何单位或个人不得从事列明的危害电力设施建设的行为等。

再次，明确了任何单位和个人在架空电力线路和电力电缆线路保护区内必须遵守的规定。如不得在架空电力线路保护区内堆放谷物、草料、垃圾、矿渣、易燃物、易爆物及其他影响安全供电的物品等。在架空电力线路保护区内进行农田水利基本建设工程及打桩、钻探、开挖等作业必须必须经县级以上地方电力管理部门批准，并采取安全措施后，方可进行等。

（三）规定了对电力设施与其他设施互相妨碍的处理方式

电力设施与其他设施的相互妨碍，对电力设施建设与保护带来了许多麻烦和阻力。《电力设施保护条例》从实际出发，要求电力设施的建设和保护应尽量避免或减少给国家、集体和个人造成的损失，对一些常见具体问题，给出针对性的解决方案。如新建架空电力线路不得跨越储存易燃、易爆物品仓库的区域；一般不得跨越房屋，特殊情况需要跨越房屋时，电力建设企业应采取安全措施，并与有关单位达成协议等。对给当事人造成的损失，也规定了补偿方案，如新建、改建或扩建电力设施，需要损害农作物，砍伐树木、竹子，或拆迁建筑物及其他设施的，电力建设企业应按照国家有关规定给予一次性补偿。

（四）细化了奖励与惩罚

电力设施保护离不开全社会共同参与。《电力设施保护条例》列举了四项维护电力设施安全的积极行为，规定由电力管理部门应给予表彰或一次性物质奖励。《中华人民共和国电力法》规定了盗窃或破坏电力设施的刑事责任，《电力设施保护条例》则对尚未达到犯罪标准，应承担行政和民事责任的具体情形进行说明。如违反《电力设施保护条例》规定，未经批准或未采取安全措施，在电力设施周围或在依法划定的电力设施保护区内进行爆破或其他作业，危及电力设施安全的，由电力管理部门责令停止作业、恢复原状并赔偿损失等。

四、《电力监管条例》

《电力监管条例》是为了加强电力监管，规范电力监管行为，完善电力监管制度而制定的条例，经 2005 年 2 月 2 日国务院第 80 次常务会议通过，由 2005 年 2 月 15 日国务院令第 432 号公布，自 2005 年 5 月 1 日起施行。该条例由总则、监管机构、监管职责、监管措施、法律责任、附则构成，共六章三十七条。

电力监管的任务是维护电力市场秩序，依法保护电力投资者、经营者、使用者的合法权益和社会公共利益，保障电力系统安全稳定运行，促进电力事业健康发展。《电力监管条例》细化了电力监管的具体事项，主要有以下几个方面。

（一）明确了监管机构和监管职责

明确了电力监管由国务院统筹负责。国务院电力监管机构根据履行职责的需要，经国务院批准，设立派出机构。国务院电力监管机构对派出机构实行统一领导和管理。

监管职责由国务院电力监管机构在其职责范围内确定。依照有关法律、行政法规和《电力监管条例》的规定，通过制定并发布电力监管规章、规则来确定具体监管职责。具体监管事项包括颁发和管理电力业务许可证、发电企业在各电力市场中所占份额的比例、电能质量和市场运行秩序等。

（二）细化了监管措施

《电力监管条例》要求国务院电力监管机构建立电力监管信息系统。电力监管机构根据履行监管职责的需要，有权要求电力企业、电力调度交易机构报送与监管事项相关的文件、资料。电力监管机构依法履行职责，可进行现场检查。电力监管机构有责任协调并网协议，经协调仍不能达成协议的，由其作出裁决。电力企业发生电力生产安全事故，电力监管机构应当及时采取措施，参加电力生产安全事故的调查处理。

（三）明确了电力监管的法律责任

首先，明确了电力监管机构从事监管工作的人员的行政责任和刑事责任，并禁止电力监管机构从事监管工作的人员在电力企业、电力调度交易机构兼任职务。

其次，明确了违反规定未取得电力业务许可证擅自经营电力业务的行政责任和刑事责任，并细化了行政处罚的幅度。

再次，明确了电力企业和电力调度机构违规操作的行政和刑事责任。既包括单位责任，也具体到了直接负责的主管人员和其他直接责任人员。

第四节　电力法律责任的主要类别

一、法律责任的概念

法律责任是指法律关系主体由于违反了法律规定的义务而应当依法承担的否定性法律后果。法律责任通常表现为违法者受到相应的法律制裁。

按违法行为性质的不同，法律责任分为民事责任、行政责任和刑事责任。

（一）民事责任

1. 民事责任的特征

（1）民事责任是违法民事法律关系所应承担的法律责任。

（2）民事责任主要是财产责任。

（3）民事责任是以等价、补偿为主的法律责任。

2. 民事责任的承担方式

依照《中华人民共和国民法典》的相关规定，承担民事责任的方式主要有停止侵害；排除妨碍；消除危险；返还财产；恢复原状；修理、重作、更换；继续履行；赔偿损失；支付违约金；消除影响、恢复名誉；赔礼道歉。上述民事责任可以单独使用，也可以合并使用。

（二）行政责任

1. 行政责任的特征

（1）行政责任是国家行政机关依靠国家行政权力实施的一种行政制裁。这种行政制裁是由行使国家权力的特定国家机关或其授权单位决定和执行的。

（2）承担行政责任的主体既可以是法人或者其他非法人单位，也可以是自然人。

（3）行政责任是一种独立责任。行政责任不能替代其他法律责任，其他法律责任也不能替代行政法律责任。

2. 行政责任的承担方式

行政责任的承担方式包括行政处分和行政处罚两大类。

（三）刑事责任

刑事责任是指依照刑事法律规定，行为人实施刑事法律禁止的行为所必须承担的法律后果。

二、电力法律法规关于民事责任的规定

在电力生产、供应、销售、使用环节中，民事责任可分为违反合同的民事责任和侵权的民事责任。

（一）违反合同的民事责任

违反合同的民事责任是指公民、法人不履行合同应当承担的民事责任，又称合同责任。依据《中华人民共和国电力法》第五十九条规定，电力企业或者用户违反供用电合同，给对方造成损失的，应当依法承担赔偿责任。电力企业违反《中华人民共和国电力法》第二十八条和第二十九条第一款的规定，未保证供电质量或者未事先通知用户中断供电，给用户造成损失的，应当依法承担赔偿责任。

依据《中华人民共和国电力法》的规定，电力供应与使用双方应当根据平等自愿、协商一致的原则，签订供用电合同，确定双方权利和义务。供用电合同一经签订即具有法律约束力，电力企业和用户就应当依照合同约定享有权利和承担义务。依据《电力供应与使用条例》规定，逾期未交付电费的，供电企业可以从逾期之日起，每日按照电费总额的1‰至3‰加收违约金，具体比例由供用电双方在供用电合同中约定；自逾期之日起计算超过30日，经催交仍未交付电费的，供电企业可以按照国家规定的程序停止供电。

（二）侵权的民事责任

侵权的民事责任是指无论侵权人和并侵权人之间有无合同约定，只要出现了侵权事实，给他人造成损害的，就应当承担相应的民事责任。侵权民事责任主要包括供电企业的侵权责任和用户的侵权责任。

1. 供电企业的侵权责任

（1）中断供电造成用户损失。依据《中华人民共和国电力法》第二十八条和第二十九条的规定，供电企业应当保证供给用户的供电质量符合国家标准。供电企业在发电、供电系统正常的情况下，应当连续向用户供电，不得中断。因供电设施检修、依法限电或者用户违法用电等原因需要中断供电时，供电企业应当按照国家有关规定事先通知用户。电力企业违反《中华人民共和国电力法》第二十八条和第二十九条第一款的规定，未保证供电质量或者未事先通知用户中断供电，给用户造成损失的，应当

依法承担赔偿责任。

（2）触电人身损害赔偿。依据《中华人民共和国民法典》的相关规定，触电人身损害赔偿从类型上而言属于高度危险作用所产生的特殊侵权，应适用无过错责任原则。但这并不意味着对任何损害都应负绝对责任。当出现不可抗力、受害人故意、受害人在电力设施保护区内从事违反电力法律、法规的行为，电力设施产权人可免除责任。

我国民法上不可抗力的构成要件是不能预见、不能避免、不能克服。《中华人民共和国电力法》明确将不可抗力作为免责条件，只有不可抗力是造成损害的唯一原因时，才能免除电力设施产权人的责任。

在侵权损害赔偿案件中，被控侵权人能够证明损害是由受害人故意造成的，不承担民事责任。由此，关于受害人故意造成损害的举证责任在于电力设施产权人，但并非电力设施产权人承担全部的举证责任。在触电事故发生后，受害人应当举证证明其损害与电力设施产权人之间存在因果关系，以及伤情和实际损失等。

受害人在电力设施保护区内从事违反电力法律、法规的行为的，虽主观上不希望也不追求触电损害结果的发生，但因受害人故意实施违法行为导致自身损害，其主观心理状态表现为间接故意。为防范此类情况的发生，要求电力设施产权人在电力设施保护区内挂有危险警示标识，尽到注意义务。在此前提下，受害人仍故意在电力设施保护区内从事法律、行政法规所禁止的行为，电力设施产权人应当因此免责。

2. 用户的侵权责任

用户的侵权责任主要表现为盗窃电能和破坏电力设施的行为。由于盗窃和破坏行为给电力企业造成了物质上的损失，因此在追究窃电和破坏者行政责任、刑事责任的同时，仍应追究其民事赔偿责任。

三、电力法律法规关于行政责任的规定

违反电力法律法规应承担行政责任的行为主要有以下10类。

（1）占用变电设施用电、输电线路走廊或电缆通道的行为。非法占用变电设施用电、输电线路走廊，由县级以上人民政府责令改正；逾期不改正的，强制清除障碍。

（2）电力建设项目违反国家电力发展规划和产业政策的行为。电力建设项目不符合电力发展规划、产业政策的，由电力管理部门责令停止建设。电力建设项目使用国家明令淘汰的电力设备和技术的，由电力管理部门责令停止使用，没收国家明令淘汰的电力设备，并处5万元以下的罚款。

（3）未经许可从事供电或者供电营业区的行为。未经许可从事供电或者变更供电营业区的，由电力管理部门责令改正，没收违法所得，可以并处违法所得5倍以下的罚款。

（4）供电营业机构或供电企业拒绝供电或者中断供电的行为。拒绝供电或者中断供电的，由电力管理部门责令改正，给予警告；情节严重的，对有关主管人员和直接责任人员给予行政处分。

（5）危害供用电安全或扰乱用电秩序的行为。危害供电、用电安全或者扰乱供电、用电秩序的，由电力管理部门责令改正，给予警告；情节严重或者拒绝改正的，可以中止供电，可以并处 5 万元以下的罚款。

（6）违反电价、电费规定的行为。未按照国家核准的电价和用电计量装置的记录向用户计收电费、超越权限制定电价或者在电费中加收其他费用的，由物价行政主管部门给予警告，责令返还违法收取的费用，可以并处违法收取费用 5 倍以下的罚款；情节严重的，对有关主管人员和直接责任人员给予行政处分。

（7）违法在电力设施周围或在依法划定的电力设施保护区域内进行作业，危及电力设施安全的行为。未经批准或者未采取安全措施在电力设施周围或者在依法划定的电力设施保护区内进行作业，危及电力设施安全的，由电力管理部门责令停止作业、恢复原状并赔偿损失。

（8）违反规定在电力设施保护区域内修筑建筑物、构筑物或者种植植物、堆放物品，危及电力设施安全的行为。在依法划定的电力设施保护区内修建建筑物、构筑物或者种植植物、堆放物品，危及电力设施安全的，由当地人民政府责令强制拆除、砍伐或者清除。

（9）应当给予治安处罚的行为。

（10）电力管理部门的工作人员滥用职权、玩忽职守、徇私舞弊，尚不构成犯罪的，依法给予行政处分。电力企业的管理人员和查电人员、抄表收费人员勒索用户、以电谋私，尚不构成犯罪的，依法给予行政处分。

四、电力法律法规关于刑事责任的规定

（一）《中华人民共和国电力法》涉及的刑事责任

《中华人民共和国电力法》涉及的刑事犯罪主要有盗窃罪、破坏电力设备罪、玩忽职守罪和重大责任事故罪 4 种。

与电力相关的盗窃罪，主要是指以非法占用为目的，采取秘密手段窃取电能和电力设备的行为。在构成要件上，要求主观方面是故意的，主体可以是个人也可是单位。在社会危害性方面要求数额较大或满足多次盗窃的情形。依据《中华人民共和国电力法》第七十一条规定，盗窃电能的，由电力管理部门责令停止违法行为，追缴电费并处应交电费 5 倍以下的罚款；构成犯罪的，依照刑法有关规定追究刑事责任。

破坏电力设备罪，是指故意或过失地破坏电力设备、危害公共安全的行为。依据

《中华人民共和国电力法》第七十二条规定，盗窃电力设施或者以其他方法破坏电力设施，危害公共安全的，依照刑法有关规定追究刑事责任。

玩忽职守罪，是指国家机关工作人员严重不负责任，不履行或者不认真履行职责，致使公共财产、国家和人民利益受重大损失的行为。依据《中华人民共和国电力法》第七十三条规定，电力管理部门的工作人员滥用职权、玩忽职守、徇私舞弊，构成犯罪的，依法追究刑事责任；尚不构成犯罪的，依法给予行政处分。

重大责任事故罪，是指在生产、作业中违反有关安全管理的规定，因而发生重大伤亡事故或者造成其他严重后果的行为。依据《中华人民共和国电力法》第七十四条规定，电力企业职工违反规章制度、违章调度或者不服从调度指令，造成重大事故的，依照刑法有关规定追究刑事责任。电力企业职工故意延误电力设施抢修或者抢险救灾供电，造成严重后果的，依照刑法有关规定追究刑事责任。

（二）电力企业在追究刑事责任活动中的作用

电力企业在追究刑事责任活动中的作用主要表现为对公安和司法机关的协助作用。电力企业是各种违反《中华人民共和国电力法》的犯罪活动的常见直接受害人，对各种违法犯罪活动具有发现早、制止快的优势。在实践中，电力企业在发现相关的犯罪活动时，由于报案及时、现场保护好、原始证据保存完好、及时扭送当事人等，为公安和司法机关快速打击犯罪助力颇多。这种协助形成了国家公安司法机关与社会力量结合的保护体制，在打击和预防电力犯罪方面起到越来越重要的作用。

[案例 1]

张某雇佣王某在某地隧道旁为其修建房屋。王某在修建房屋的过程中需到房顶进行作业，当其在房顶施工时碰到房顶上方 10kV 高压线，被高压线电击后受伤坠地，当即被送往当地医院进行治疗。王某伤情经司法鉴定中心鉴定为伤残等级二级。某电力企业曾多次在事发地区进行电力保护宣传，并责令张某停止在高压线下建房。在张某和王某对劝告置之不理执意施工时，某电力企业遂向当地派出所报案请求公安部门阻止违反施工行为，但派出所没有对此违法行为进行处理。

王某以其受张某雇佣从事建房施工而被高压电击受伤，高压线为某电力企业所有、管理，请求法院判令，张某和某电力企业共同承担其人身损害赔偿。

问　　题：请问王某的诉请是否能得到支持？张某和电力企业是否需承担责任？

法律解析：在电力人身损害案件中，高压电致害责任是一种无过错责任或严格责任，但是并不意味着对任何损害都应负绝对责任。电力设施产权人在以下几种情形下，可对触电不承担责任：①不可抗力；②受害人故意；③受害人在电力设施保护区内从事违反电力法律、法规的行为。此种情形是指，受害人虽主观上不希望也不追求触电损害结果，但因受害人故意实施违法行为导致自身损害，其主观心理状态表现为间接故意。

雇员受雇从事违法建房活动中意外触碰高压线而遭电击受伤坠地，雇员、雇主明知其从事的是违法建房活动，在电力设施管理者明确责令停止违法建房行为的情况下，仍继续违法建房，二人对雇员人身损害均存在一定过错，应承担相应责任。

因此，本案中王某的诉请不能得到支持。某电力企业不承担责任，王某不听劝阻，应对自身损失承担部分责任。张某作为雇主应对王某的损失承担部分责任。

[案例 2]

某供电公司在发现 A 公司存在违章用电、窃电行为后，向 A 公司发出《用电检查问题通知书》，并停止供电，后经 A 公司所在保税区协调，某供电公司暂时恢复供电。2004 年 12 月，某供电公司依照《供电营业规则》向 A 公司发出《用电检查处理意见通知书》追收窃电本金 50 余万元以及违约金 150 余万元，后经多次催收，2005 年 4 月，该供电公司与 A 公司签订还款《协议书》，同年 8 月，A 公司出具还款《承诺书》，2005 年 12 月，A 公司付清全部款项。但是在 2006 年 4 月，A 公司将供电公司告上法庭，提出有关还款《协议书》及还款《承诺书》系在被告胁迫下所签，请求法院判令撤销还款《协议书》《承诺书》，被告返还不当得利人民币 145.88 万元。本案中 A 公司的诉讼理由主要有以下几点：①本公司没有窃电，某供电公司不应向其进行处罚。②公安部门没有认定其行为系“窃电”，供电公司以“窃电”对其进行处罚缺乏依据。③A 公司与供电公司签订的《协议书》和《承诺书》都是受供电公司停电“胁迫”和媒体舆论的压力所为，理应判无效。④协议书和承诺书内容显失公平，因其只用了几十万 kWh 的电，却要交上百万元电费，其内容应判无效。⑤《供电营业规则》是 1996 年制定的部门规章，具有部门利益保护色彩，与《中华人民共和国合同法》相矛盾，不应适用，3 倍违约使用电费没有合法依据。

问　　题：A 公司的诉讼理由能否得到法院支持?

法律解析：（1）窃电行为的判断标准。我国对某一行为是否构成窃电有严格的判断标准。《电力供应与使用条例》《供电营业规则》均对窃电行为的种类作出了具体的规定。因此，依据实际情况，原告存在窃电行为有据可循，有法可依。

（2）窃电行为是否必须由公安机关认定。窃电行为需要承担的责任涉及民事责任、行政责任和刑事责任，而公安机关主要考虑的是窃电行为是否构成犯罪，主要从刑法而非电力法律法规的角度考虑犯罪各个构成要件予以评价，而供电企业有权依法认定 A 公司存在窃电行为。

（3）对欠费依法实施停电是否构成胁迫。根据《电力供应与使用条例》《供电营业规则》等相关规范性文件的规定，用户确有窃电行为，供电企业可当场停止供电。中止供电是法律赋予供电企业维护自身利益的一项权利，当然不构成胁迫行为。

（4）3倍违约使用电费是否合理合法。《供电营业规则》是合法有效的法律文件，其中明确规定窃电者应按所窃电量补交电费，并承担补交3倍电费的违约使用费。因此，供电企业在窃电行为事实清楚、证据充分确凿的情况下，有权要求窃电者承担3倍违约使用电费。

因此，A公司的诉讼理由不能得到法院支持。

第二章

电网建设法律问题

电网是将各种类型发电厂的电力输送到电力用户的电力传输网络，一般由升压变电站、降压变电站、输电线路和相关的保护控制及通信系统等组成。电网建设项目是指以电网建设为目的，电网企业通过电网规划、电网建设勘探设计、电网建设施工、电网建设工程监理、电网建设工程竣工等环节，以运输电力的工程项目。

第一节　电网建设规划和勘探设计的法律问题

一、电网建设规划选址

电网建设项目规划选址主要涉及行政法律关系。电网企业作为行政相对人向国家城市规划行政部门提出申请，提交相关的申请材料。国家建筑规划行政部门依据城市规划法律法规规定的条件和程序，对电网企业的申请进行审批，并在立项过程中，对符合城市规划要求的电网建设项目出具选址意见书。《城市规划基本术语标准》（GB/T 50280—1998）把建设项目选址意见书定义为城市规划行政主管部门依法核发的有关建设项目的选址和布局的法律凭证。依据《中华人民共和国城乡规划法》第三十六条规定，按照国家规定需要有关部门批准或者核准的建设项目，以划拨方式提供国有土地使用权的，建设单位在报送有关部门批准或者核准前，应当向城乡规划主管部门申请核发选址意见书。选址意见书是建设工程在项目立项过程中，由国家城乡规划行政主管部门出具的申请建设工程项目是否符合城乡建设规划要求的意见书，是建设项目依法选址和开始建设的法律依据。电网项目的选址意见书是电网建设项目核准的前置条件之一。

（一）电网建设项目规划选址的法律规定

建设项目选址规划，是城市规划行政主管部门根据城市规划和有关法律法规对建设项目地址进行确认或选择，保障各项建设项目服从国家城市规划要求，并核发建设项目选址意见书的行政管理工作。

依据《建设项目选址规划管理办法》（建规〔1991〕583号）第六条规定，建设项目选址意见书应当包括下列内容：①建设项目的基本情况。主要是建设项目名称、性质，用地与建设规模，供水与能源的需求量，采取的运输方式与运输量，以及废水、废气、废渣的排放方式和排放量。②建设项目规划选址的主要依据。经批准的项目建议书；建设项目与城市规划布局的协调；建设项目与城市交通、通信、能源、市政、防灾规划的衔接与协调；建设项目配套的生活设施与城市生活居住及公共设施规划的衔接与协调；建设项目对于城市环境可能造成的污染影响，以及与城市环境保护规划和风景名胜、文物古迹保护规划的协调。③建设项目选址、用地范围和具体规划要求。

1. 电网建设单位申请建设项目选址意见书需要提交材料

依据《浙江省城乡规划条例》（浙江省人民代表大会常务委员会公告第51号）第三十条规定，按照国家规定需要批准、核准的建设项目，以划拨方式提供国有土地使用权的，建设单位在报送批准、核准前，应当向城乡规划主管部门申请核发选址意见书。其他建设项目不需要申请核发选址意见书。申请核发选址意见书，建设单位应当提交下列材料：①包含建设单位、项目性质、建设规模、选址意向等内容的选址申请书；②建设项目需要批准、核准的证明文件；③标明拟选址位置的地形图；④法律、法规规定的其他材料。

对城乡空间布局有重大影响的建设项目，还应当提交选址论证报告。依据《浙江省建设项目规划选址管理办法》（浙建〔2018〕6号）第六条规定，建设单位申请核发选址意见书，应当提交下列材料：①包含建设单位、项目性质、建设规模、选址意向等内容的建设项目选址申请书；②有关部门批准的项目建议书或者出具的情况说明等可以证明建设项目需要批准、核准的材料；③标明拟选址位置的地形图；④法律、法规规定的其他材料。对城乡空间布局有重大影响的建设项目，建设单位还应当提交具有相应城乡规划编制资质的单位编制的选址论证报告。选址论证报告应当符合相关法律法规和标准、规范、技术规定，分析建设项目选址合理性、配套条件可行性，论证建设项目选址与城乡规划和涉及空间利用的有关规划的符合、衔接情况。选址论证过程中可以提出选址方案优化调整的建议。

根据上述规定，电网建设单位一般要提交的材料包括：①建设项目选址申报书（含情况说明），情况说明包括规划依据、选址位置、建设内容及规模是否涉及风景名胜区，历史文化名城、名镇、名村等区域；②用地红线图，其中线性项目需提供路径图；③项目位置图；④规划依据，城乡规划含总体规划、专项规划等支撑项目建设的相关规容及规划批准文件；⑤对城乡空间布局有重大影响的建设项目，还应当提交选址论证报告；⑥上述①～⑤项材料的光盘。

2. 电网建设项目规划选址审批程序

根据建设规划要求，110kV 及以上新建的电网建设项目都必须取得建设（规划）管部门核发的项目选址意见书。浙江省住房和城乡建设厅对电网建设项选址意见书的办理作出了具体的规定，建设单位在确定项目方案后，向地方规划管理部门申请项目选址。具体流程为：

（1）项目业主向县级规划主管部门提出项目选址的申请报告并递交项目有材料。

（2）县级规划主管部门在《建设项目选址申报书》上签署工程选址意见并盖公章，出具项目情况说明，在相关规划图上标注项目位置，并在征地红、总平布置图、用地功能规划图、电力设施专项规划图上加盖县级规划部门章，送地市级规划行政部门。

（3）地市级规划行政部门在《建设项目选址申书》上签署工程选址意见加盖公章，送省（直辖市、自治区）级规划行政主管部门。

（4）省（直辖市、自治区）级规划行政主管部门审核批复，有效期为 1 年。

浙江省规定《建设项目选址意见书》有效期自核发之日起 1 年。

建设单位取得选址意见书后 1 年内未取得建设项目批准、核准文件，可以在期限届满前 30 日内向原核发机关申请办理延续手续。申请延续的次数不得超过 2 次，每次延续的期限不得超过 1 年。逾期未申请延续或者延续申请未获批准的，选址意见书失效。

（二）电网建设项目规划选址应注意的法律问题分析

1. 电网建设项目规划选址的国家法律法规禁止性规定

（1）自然保护区、风景名胜区和一级饮用水保护区建设项目禁止性规定。依据《中华人民共和国自然保护区条例》（2017 年修订）第三十二条规定，在自然保护区的核心区和缓冲区内，不得建设任何生产设施。在自然保护区的实验区内，不得建设污染环境、破坏资源或者景观的生产设施。依据《风景名胜区条例》（2016 年修订）第二十六条规定，在风景名胜区内禁止进行下列活动：开山、采石、开矿、开荒、修坟立碑等破坏景观、植被和地形地貌的活动；第二十七条规定，禁止违反风景名胜区规划，在风景名胜区内设立各类开发区和在核心景观内建设宾馆、招待所、培训中心、疗养院以及与风景名胜资源保护无关的其他建筑。依据《饮用水水源保护区污染防治管理规定》（2010 年修订）第十二条规定，一级保护区内禁止新建、扩建与供水设施和保护水源无关的建设项目。

（2）电网建设项目规划选址符合城市规划要求。城市规划是指当地政府依据国民经济和社会发展规划以及当地的自然环境、资源条件、历史情况、现状特点，统筹兼顾、综合部署，为确定城市的规模和发展方向，协调城市空间布局等所作的一定期限内的综合部署和具体安排。电网建设项目属于城市建设的一部分，应符合城市总体规划要求。

《城市电力规划规范》（GB/T 50293—2014）对城市电力规划的主要内容、基本原则等作出了具体的规定。城市电力规划的主要内容应包括预测城市电力负荷、确定城市供电电源、城市电网布局框架、城市重要电力设施以及走廊的位置和用地。城市电力规划应遵循远近结合、适度超前、合理布局、环境友好、资源节约和可持续发展的原则。规划城市规划区内发电厂、变电站、开关站和电力线路等电力设施的地上、地下空间位置和用地时，应贯彻合理用地、节约用地的原则。

2. 电网建设项目规划选址法律风险的规避

电网项目前期工作中应认真贯彻国家土地调控、环境保护、水土保持、资源节约、交通运输等政策，合理避让基本农田、环境敏感区（风景名胜区、自然保护区、世界文化和自然遗产地、饮用水水源保护区等重要环境敏感区域）、保护林地、军事设施保护区、水土流失重点预防区与治理区，推广采用节能设备，降低工程能耗，积极采取措施降低社会稳定风险。

（1）在电网建设项目规划选址中对于自然保护区、风景名胜区经过专项论证和审批同意后可以进入，一级饮用水保护区则严格禁止进入。

（2）电网建设项目选址应尽量避免占有基本农田。基本农田保护区经依法划定后，任何单位和个人不得改变或者占用。电网建设项目选址如确实无法避开基本农田保护区，需要占用基本农田，涉及农用地转用或者征用土地的，必须经国务院批准。审批程序繁琐周期长，对项目建设的进展会造成严重的影响。

（3）电网建设项目选址还应遵守国家对民航安全、军事设施保护以及水土流失重点预防区与治理区的规定。电网建设项目选址规划应当避让水土流失重点预防区和重点治理区；无法避让的，应当提高防治标准，优化施工工艺，减少地表扰动和植被损坏范围，有效控制可能造成的水土流失。

二、电网建设项目环境影响评价

环境影响评价，是指对规划和建设项目实施后可能造成的环境影响进行分析、预测和评估，提出预防或者减轻不良环境影响的对策和措施，进行跟踪监测的方法与制度。法律强制规定环境影响评价为指导人们开发活动的必须行为，成为环境影响评价制度，是贯彻“预防为主”环境保护方针的重要手段。建设项目的环境影响报告书应当包括下列内容：①建设项目概况；②建设项目周围环境现状；③建设项目对环境可能造成影响的分析、预测和评估；④建设项目环境保护措施及其技术、经济论证；⑤建设项目对环境影响的经济损益分析；⑥对建设项目实施环境监测的建议；⑦环境影响评价的结论。电网建设项目应遵循国家环境影响评价制度，做好建设项目保护申报审批。

依据《中华人民共和国环境保护法》第十九条规定，编制有关开发利用规划，建设对环境有影响的项目，应当依法进行环境影响评价。未依法进行环境影响评价的开发利用规划，不得组织实施；未依法进行环境影响评价的建设项目，不得开工建设。依据第四十一条规定，建设项目中防治污染的设施，应当与主体工程同时设计、同时施工、同时投产使用。防治污染的设施应当符合经批准的环境影响评价文件的要求，不得擅自拆除或者闲置。依据第四十二条第一款规定，排放污染物的企业事业单位和其他生产经营者，应当采取措施，防治在生产建设或者其他活动中产生的废气、废水、废渣、医疗废物、粉尘、恶臭气体、放射性物质以及噪声、振动、光辐射、电磁辐射等对环境的污染和危害。依据《中华人民共和国海洋环境保护法》第四十条规定，新建、改建、扩建海岸工程建设项目，必须遵守国家有关建设项目环境保护管理的规定，并把防治污染所需资金纳入建设项目投资计划。在依法划定的海洋自然保护区、海滨风景名胜区、重要渔业水域及其他需要特别保护的区域，不得从事污染环境、破坏景观的海岸工程项目建设或者其他活动。依据第四十三条规定，海岸工程建设项目单位，必须对海洋环境进行科学调查，根据自然条件和社会条件，合理选址，编制环境影响报告书（表）。在建设项目开工前，将环境影响报告书（表）报环境保护行政主管部门审查批准。环境保护行政主管部门在批准环境影响报告书（表）之前，必须征求海洋、海事、渔业行政主管部门和军队环境保护部门的意见。依据第四十四条规定，海岸工程建设项目的环境保护设施，必须与主体工程同时设计、同时施工、同时投产使用。环境保护设施应当符合经批准的环境影响评价报告书（表）的要求。依据《中华人民共和国环境影响评价法》第十六条规定，国家根据建设项目对环境的影响程度，对建设项目的环境影响评价实行分类管理。建设单位应当按照下列规定组织编制环境影响报告书、环境影响报告表或者填报环境影响登记表（以下统称环境影响评价文件）：①可能造成重大环境影响的，应当编制环境影响报告书，对产生的环境影响进行全面评价；②可能造成轻度环境影响的，应当编制环境影响报告表，对产生的环境影响进行分析或者专项评价；③对环境影响很小、不需要进行环境影响评价的，应当填报环境影响登记表。建设项目的环境影响评价分类管理名录，由国务院生态环境主管部门制定并公布。

为了规范输变电工程建设项目环境影响评价工作，防止输变电工程建设项目污染环境，国家制定了《环境影响评价技术导则　输变电》（HJ 24—2020），该标准规定了输变电工程建设项目环境影响评价的内容、方法等技术要求，适用于输变电工程建设项目环境影响评价。该标准规定，环境质量评价的标准应根据建设项目所在地区的要求执行相应环境要素的国家或地方环境质量标准。污染物排放标准应执行相应的国家或地方污染物标准，应优先执行地方污染物排放标准，其执行标准应符合地方环境保护主管部门的要求。当建设项目执行的环境保护标准国内尚未制定时，在经环护行政主管部门同意后可参照执行国际通用标准或国外相关标准。

《电磁环境控制限值》（GB 8702—2014）适用于电磁环境中控制公众曝露的评价和管理。依据该标准，输变电工程的工频电场强度公众曝露控制限值为4kV/m，工频磁感应强度公众曝限值为100T，同时该标准也明确指出，架空输电线路线下的耕地、园草地、畜禽饲养地、养殖水面、道路等场所，其频率50Hz的电场强度限值为10kV/m，且应给出警示和防护指示。

（一）电网建设项目环境许可审批程序

《建设项目环境影响评价分类管理目录》为建设项目单位组织编制环境影响报告书、环境影响报告表或者填报环境影响登记表提供了法律依据。

按照国家环保法律法规要求和电网建设项目特点，电网建设项目工程环境影响报告书编报程序为：①在项目可研的地址、线路路径方案明确后，委托有资质的环境影响评价机构开展环评工作。目前，项目的环境影响报告书、报告表的报批时间由可行性研究阶段调整为开工建设前。②现场监测和调查，进行项目信息告示。即在项目涉及区域的村居民区将项目的基本情况、建设单位、环评单位、联系人等信息粘贴告示，鼓励采用媒体公示的方式，公示的时间不少于10个工作日。③在现场工作的基础上，编制项目环境影响评价报告书，在完成项目环评文件初稿时，进行环评公示。即将环评的初步结论公示，并公开报告书。④报告书报批。即建设单位将编制完成的环境影响评价报告书送至相层级的环保行政管理部门审批。⑤环保机构视项目的影响程度决定是否进行技术评估，评价单位根据评估专家意见对报告书进行修改完善。⑥行政审批前公示（媒体、网站）和批复。审批部门在受理项目的环评报告书后，应进行审批前公示，公示时间不少于10个工作日。按照《中华人民共和国环境影响评价法》规定，审批部门应当自收到环境影响报告书之日起60日内，收到环境影响报告表之日起30日内，分别作出审批决定并书面通知建设单位。审核、审批建设项目环境影响报告书、报告表以及备案环境影响登记表，不得收取任何费用。

（二）电网建设项目环境许可法律问题分析

电网建设企业在分析、预测项目建设对环境可能造成的影响时，应考虑各方面的因素，全面分析建设项目对环境的影响，环境影响评价文件是保证项目符合国家环境保护标准的重要依据。

1. 电网建设项目环评文件未报批或未经许可不能开工建设

电网建设企业在项目开工前应委托有资质的相关机构做出环境影响报告书（表）或填报环境影响登记表，并及时报环境保护行政主管部门审批或备案。电网建设企业应严格按照法律规定执行，落实环境影响评价和环境保护设施要与输变电工程同时设计、同时施工、同时投产的“三同时”制度。

依据《中华人民共和国环境保护法》第六十一条规定，建设单位未依法提交建设项目环境影响评价文件或者环境影响评价文件未经批准，擅自开工建设的，由负有环境保护监督管理职责的部门责令停止建设，处以罚款，并可以责令恢复原状。依据第六十三条规定，建设项目未依法进行环境影响评价，被责令停止建设，拒不执行的，尚不构成犯罪的，除依照有关法律法规规定予以处罚外，由县级以上人民政府环境保护主管部门或者其他有关部门将案件移送公安机关，对其直接负责的主管人员和其他直接责任人员，处 10 日以上 15 日以下拘留；情节较轻的，处 5 日以上 10 日以下拘留。

依据《中华人民共和国环境影响评价法》第三十一条第一款规定，建设单位未依法报批建设项目环境影响报告书、报告表，或者未依照本法第二十四条的规定重新报批或者报请重新审核环境影响报告书、报告表，擅自开工建设的，由县级以上生态环境主管部门责令停止建设，根据违法情节和危害后果，处建设项目总投资额 1%以上 5%以下的罚款，并可以责令恢复原状；对建设单位直接负责的主管人员和其他直接责任人员，依法给予行政处分。建设项目环境影响报告书、报告表未经批准或者未经原审批部门重新审核同意，建设单位擅自开工建设的，依照前款的规定处罚、处分。建设单位未依法备案建设项目环境影响登记表的，由县级以上生态环境主管部门责令备案，处 5 万元以下的罚款。

《中华人民共和国民法典》规定环境污染侵权案件采取无过错责任，环境侵权企业承担了较高的法律责任义务。如果电网建设企业没有办理环影评许可，对可能产生的纠纷事项处置等带来被动。

2. 在环评编制和审批过程中应重视公众的参与

依据《中华人民共和国环境影响评价法》第二十一条规定，除国家规定需要保密的情形外，对环境可能造成重大影响、应当编制环境影响报告书的建设项目，建设单位应当在报批建设项目环境影响报告书前，举行论证会、听证会，或者采取其他形式，征求有关单位、专家和公众的意见。

《环境影响评价公众参与办法》规范了公众环境保护知情权、参与权、表达权和监督权，适用于可能造成不良环境影响并直接涉及公众环境权益的工业、农业、畜牧业、林业、能源、水利、交通、城市建设、旅游、自然资源开发的有关专项规划的环境影响评价公众参与，和依法应当编制环境影响报告书的建设项目的环境影响评价公众参与。依据《浙江省建设项目环境保护管理办法》（浙江省人民政府令第 388 号）规定，建设单位应当依法向社会公开建设项目相关环境信息，按照相关规定执行公众参与制度。建设单位应当编写环境影响评价公众参与说明，在报批环境影响报告书时一并提交。环境影响评价公众参与说明的内容主要包括公众参与过程，公众意见及其采纳和反馈情况，公众座谈会、专家论证会情况等。

公众参与是环境影响评价重要的一环，电网建设企业应严格遵守法律规定，做好公众参与的工作。环境影响报告书中没有公众参与内容的，行政部门将不会受理。做出的行政许可也会因此而被撤销。

三、电网建设项目核准

（一）电网建设项目核准的法律规定

依据国家发展和改革委员会 2017 年颁布的《企业投资项目核准和备案管理办法》第四条规定，关系国家安全、涉及全国重大生产力布局、战略性资源开发和重大公共利益等项目，实行核准管理。其他项目实行备案管理。依据《关于深化能源行业投融资体制改革的实施意见》（国能法改〔2017〕88 号）规定，精简能源投资项目核准前置许可。能源投资项目核准只保留选址意见和用地（用海）预审作为前置条件，除法律法规明确规定的，各级能源项目核准机关一律不得设置任何项目核准的前置条件，不得发放同意开展项目前期工作的“路条”性文件。依据《国务院关于发布政府核准的投资项目目录（2016 年本）的通知》（国发〔2016〕72 号）规定，需核准的电网工程包括涉及跨境、跨省（区、市）输电的±500kV 及以上直流项目，涉及跨境、跨省（区、市）输电的 500、750、1000kV 交流项目，由国务院投资主管部门核准，其中±800kV 及以上直流项目和 1000kV 交流项目报国务院备案；不涉及跨境、跨省（区、市）输电的 500kV 及以上直流项目和 500、750、1000kV 交流项目由省级政府按照国家制定的相关规划核准，其余项目由地方政府按照国家制定的相关规划核准。

电网建设项目应按规定履行核准手续或者取得项目核准文件，不得以不正当手段申请项目核准。

依据《企业投资项目核准和备案管理条例》第十七条规定，企业在项目核准、备案以及项目实施中的违法行为及其处理信息，通过国家社会信用信息平台向社会公示。依据《企业投资项目核准和备案管理条例》第十八条第二款规定，以欺骗、贿赂等不正当手段取得项目核准文件，尚未开工建设的，由核准机关撤销核准文件，处项目总投资额 1‰以上 5‰以下的罚款；已经开工建设的，依照前款规定予以处罚；构成犯罪的，依法追究刑事责任。

依据《企业投资项目核准和备案管理办法》第五十五条规定，企业以分拆项目、隐瞒有关情况或者提供虚假申报材料等不正当手段申请核准、备案的，项目核准机关不予受理或者不予核准、备案，并给予警告。

依据《企业投资项目核准和备案管理条例》第十八条规定，实行核准管理的项目，企业未依法办理核准手续开工建设或者未按照核准的建设地点、建设规模、建设内容等进行建设的，由核准机关责令停止建设或者责令停产，对企业处项目总投资额1‰以上5‰以下的罚款；对直接负责的主管人员和其他直接责任人员处2万元以上5万元以下的罚款，属于国家工作人员的，依法给予处分。以欺骗、贿赂等不正当手段取得项目核准文件，尚未开工建设的，由核准机关撤销核准文件，处项目总投资额1‰以上5‰以下的罚款；已经开工建设的，依照前款规定予以处罚；构成犯罪的，依法追究刑事责任。

（二）电网建设项目核准的法律问题分析

依据《政府核准的投资项目目录（浙江省2017年本）》对电网工程的核准规定，涉及跨境、跨省（区、市）输电的±500kV及以上直流项目，涉及跨境、跨省（区、市）输电的500、750、1000kV交流项目，由国务院投资主管部门核准，其中±800kV及以上直流项目和1000kV交流项目报国务院备案。不涉及跨境、跨省（区、市）输电的±500kV及以上直流项目和500、750、1000kV交流项目由省级按照国家制定的相关规划核准。

其余项目跨设区市的，由省级按照相关规划或计划核准。其余项目非跨设区市的，由设区市按照相关规划或计划核准。

电网建设项目核准要严格按照遵循项目核准机关的权限，依法向有核准权的部门提出申请。在实践中，电网建设项目存在边建设边核准的现象，这存在着很大的法律风险，该建设项目企业有可能因行政违法行为面临行政处罚，电网建设项目面临停工的风险。

四、电网建设勘探设计

电网建设勘察设计是指在电网建设中所进行的工程勘察和工程设计工作。电网建设勘察设计主体是指具有电力工程勘察资质和电力工程设计资质，可以实际完成电网建设的勘察和设计工作，并对所完成的工作负有全面质量责任的单位。

（一）电网建设勘探设计单位选择

依据《中华人民共和国招标投标法》第三条规定，大型基础设施、公用事业等关系社会公共利益、公共安全的项目的勘察设计必须经过招标。其他相关法律法规对此也有一些细化的规定。对于符合必须招标规定的电网建设项目的勘察设计须通过招标方式选择勘察设计单位。

依据《中华人民共和国招标投标法》第四十九条规定，必须进行建招标的项目通过其他任何方式规避招标的，可处罚款，甚至可以暂停项目执行或者暂停资金拨付；对单位直接负责的主管人员和其他直接责任人员依法给予处分。可见，电网企业在选择勘察设计主体的方式上如果不采取法律规定的方式将面临行政处罚和项目停建的法律风险。

依据《建设工程勘察设计管理条例》第十七条和第十八条规定，发包方将建设工程勘察、设计业务发包给不具有相应勘察、设计资质等级的建设工程勘察、设计单位的，将被责令改正，并处罚款。可见对资质的要求是供电企业选择设计单位的重要影响因素。

（二）电网建设勘察设计合同

电网建设勘察设计合同，是电网企业与勘察设计方之间约定权利义务的协议。勘察设计单位的合同义务主要是按照合同约定的时间和要求交出合格的勘察设计成品及提供相关服务，电网企业的合同义务主要是照合同约定提供基础资料及支付合同价款。

电网建设勘察设计合同的内容主要包括以下几点。

1. 勘察设计的范围

勘察设计的范围是勘察设计合同的主要内容，电网企业要在合同中对工程范围的界限进行准确的表述，避免使用含糊的词语，并且针对勘察设计单位的资质范围和等级委托相应工作。

2. 勘察设计的责任

电网建设项目的勘察设计在某些情况下需要电网企业的配合，电网企业和勘察设计单位在明确勘察设计范围的基础上，要进一步明确双方在勘察设计中的责任，比如双方可以约定由电网企业负责电网工程建设基础资料的搜集和国家相关部门协调及沟通。

3. 勘察设计质量

勘察设计质量是勘察设计工作的核心，电网企业应在合同中约定明确的违约责任。违约责任应根据瑕疵的不同而采取补充、修改勘察设计以及支付违约金等不同的违约责任。

第二节 电网建设施工和工程验收移交法律问题

一、电网建设施工准备阶段

电网建设施工准备阶段是电网建设工程由前期到施工的过渡阶段。在施工准备阶段电网建设主要涉及以下法律问题。

（1）在规划区内，电网建设项目应当办理建设用地规划许可证。在规划区内进行建设需要申请用地必须持国家批准建设项目的有关文件，向城市规划行政主管部门申请定点，城市规划行政主管部门核定其用地位置和界限，提供规划设计条件，核发建设用地规划许可证。建设单位或者个人在取得建设用地规划许可证后，方可向县级以上地方人民政府土地管理部门申请用地，经县级以上人民政府审查批准后，由土地管理部门划拨土地。

（2）电网建设项目应当办理建设项目用地手续。任何单位和个人进行建设，需要使用土地的，必须依法申请使用国有土地。经批准的建设项目需要使用国有建设用地的，建设单位应当持法律、行政法规规定的有关文件，向有批准权的县级以上人民政府土地行政主管部门提出建设用地申请，经土地行政主管部门审查，报本级人民政府批准。依据《中华人民共和国民法典》关于不动产登记方面规定，不动产物权的设立、变更、转让和消灭，经依法登记发生效力；未经登记，不发生效力，但是法律另有规定的除外。

电网企业应当在获得用地批准后，积极申请办理土地登记。未经批准，非法占用土地的，由县级以上人民政府自然资源主管部门责令退还非法占用的土地，对违反土地利用总体规划擅自将农用地改为建设用地的，限期拆除在非法占用的土地上新建的建筑物和其他设施，恢复土地原状，对符合土地利用总体规划的，没收在非法占用的土地上新建的建筑物和其他设施，可以并处罚款；对非法占用土地单位的直接负责的主管人员和其他直接责任人员，依法给予行政处分；构成犯罪的，依法追究刑事责任。

（3）规划区内，电网建设项目应办理建设工程规划许可证。在规划区内新建、扩建和改建建筑物、构筑物、道路、管线和其他用地工程设施，必须持有关批准文件向城市规划行政主管部门申请建设工程规划许可证。在规划区内，未取得建设工程规划许可证或者未按照建设工程规划许可证的规定进行建设的，由县级以上地方人民政府城乡规划主管部门责令停止建设；尚可采取改正措施消除对规划实施的影响的，限期改正，处建设工程造价5%以上10%以下的罚款；无法采取改正措施消除影响的，限期拆除，不能拆除的，没收实物或者违法收入，可以并处建设工程造价10%以下罚款。

（4）电网建设项目临时用地的，需要办理临时建设用地、临时建设工程审批手续。电网建设项目要临时占用规划批准范围以外场地的，应当按照国家有关规定办理申请手续。临时用地大致可以分为两类：

1）工程建设施工临时用地，包括工程建设施工中的临时设施用地，工程建设过程的取土弃土用地，架设地上线路、铺设地下管线和其他地下工程所需临时使用的土地等；

2）地质勘查过程中的临时用地，工程选址等对工程、水文地质等情况进行勘测，探矿、采矿需要对矿藏情况进行勘查勘探所需临时使用的土地等。

根据《中华人民共和国土地管理法》的规定，建设项目施工和地质勘查需要临时使用国有土地或者农民集体所有的土地的，由县级以上人民政府自然资源主管部门批准。其中，在城市规划区内的临时用地，在报批前，应当先经有关城市规划行政主管部门同意。

土地使用者应当与土地所有权人签订临时用地合同。如使用的是国有土地，自然资源主管部门代表政土地使用者签订合同并按合同的约定支付临时用地补偿费。如使用的是集体所有的土地，将由农村集体经济组织与临时用地使用者签订临时使用土地合同并收取临时用地补偿费。补偿标准一般根据给原土地所有权人和使用权人造成的损失，由土地所有权人和临时用地者双方通过临时用地合同约定。

二、电网建设施工阶段

（一）施工方的企业资质

依据《中华人民共和国建筑法》第二十四条规定，提倡对建筑工程实行总承包，禁止将建筑工程肢解发包。依据《建设工程质量管理条例》第七条规定，建设单位应当将工程发包给具有相应资质等级的单位。建设单位不得将建设工程肢解发包。依据第五十四条规定，建设单位将建设工程发包给不具有相应资质等级的勘察、设计、施工单位或者委托给不具有相应资质等级的工程监理单位的，责令改正，处50万元以上100万元以下的罚款。

（二）公开招标选择施工单位和设备供应商

依据《中华人民共和国建筑法》第二十条规定，建筑工程实行公开招标的，发包单位应当依照法定程序和方式，发布招标公告，提供载有招标工程的主要技术要求、主要的合同条款、评标的标准和方法以及开标、评标、定标的程序等内容的招标文件。开标应当在招标文件规定的时间、地点公开进行。开标后应当按照招标文件规定的评标标准和程序对投标文件进行评价、比较，在具备相应资质条件的投标者中，择优选定中标者。依据《中华人民共和国招投标法》第四十九条规定，必须进行招标的项目而不招标的，将必须进行招标的项目化整为零或者以其他任何方式规避招标的，责令限期改正，可以处项目合同金额5‰以上10‰以下的罚款；对全部或者部分使用国有资金的项目，可以暂停项目执行或者暂停资金拨付；对单位直接负责的主管人员和其他直接责任人员依法给予处分。

（三）工程质量管理

依据《建设工程质量管理条例》第十三条规定，建设单位在开工前，应当按照国家有关规定办理工程质量监督手续，工程质量监督手续可以与施工许可证或者开工报告合并办理。依据第十条规定，建设工程发包单位不得迫使承包方以低于成本的价格竞标，不得任意压缩合理工期。建设单位不得明示或者暗示设计单位或者施工单位违反工程建设强制性标准，降低建设工程质量。依据第十一条规定，施工图设计文件审查的具体办法，由国务院建设行政主管部门会同国务院其他有关部门制定。施工图设计文件未经审查批准的，不得使用。依据第十四条规定，按照合同约定，由建设单位采购建筑材料、建筑构配件和设备的，建设单位应当保证建筑材料、建筑构配件和设备符合设计文件和合同要求。建设单位不得明示或者暗示施工单位使用不合格的建筑材料、建筑构配件和设备。依据第十六条规定，建设单位收到建设工程竣工报告后，应当组织设计、施工、工程监理等有关单位进行竣工验收。建设工程竣工验收应当具备下列条件：①完成建设工程设计和合同约定的各项内容；②有完整的技术档案和施工管理资料；③有工程使用的主要建筑材料、建筑构配件和设备的进场试验报告；④有勘察、设计、施工、工程监理等单位分别签署的质量合格文件；⑤有施工单位签署的工程保修书。建设工程经验收合格的，方可交付使用。

三、电网建设施工合同

电网建设施工合同是施工企业按照电网企业的要求，依照勘验、设计的有关材料、要求，进行施工建设和安装，是由施工企业进行工程建设，电网企业支付价款，保证建设工程顺利进行，明确双方权利义务的协议。

（一）电网建设施工单位资质

电网企业在订立合同前，要严格审查施工单位是否具有相应的施工资质和等级。施工企业的基本情况、企业从业人员状况、生产经营状况以及信誉程度等情况对合同的顺利履行有重要意义。

（二）电网建设施工合同的内容

1. 约定施工单位和电网企业的权利义务

在电网建设施工合同中应当约定施工场地具备施工条件及完成时间；电网企业向施工单位提供工程地质和地下管线资料的时间；电网企业负责办理的证件、批件及完成时间，向施工单位提供图纸会审和设计交底的时间；有关施工场地交通、环卫和施工噪声等手续和发生费用的承担等内容。

2. 明确合同双方代表的职责与权限

施工单位和电网企业应在合同中进一步明确各方派出的工程师及管理人员的责任和权限。特别对具有变更、签证、价格确认等签认权人员的权限和职责约定清楚。

3. 约定造价、安全、工期、验收方面的内容

合同中必须对价款调整的范围、程序、计算依据和设计变更，现场签证，材料价格的签发、确认进行明确规定。双方当事人在合同中可以就施工过程中应当注意的安

全事项进行详细的约定。详细约定开工、竣工应办理的手续和参加验收的单位和人员、采取的质量标准等。

4. 约定物资采购条款

约定由施工单位采购的物资以及物资在验收不合格情况下，施工单位应承担重新采购或赔偿损失责任的内容。

5. 技术及工艺有特殊要求的约定

电网企业要求使用专利技术或特殊工艺的，在合同中应约定由哪方办理申报手续，哪方承担申报、试验使用等相关费用。此外，还应约定未经许可使用他人知识产权所应承担责任的问题。

四、电网建设工程监理

依据《建设工程监理范围和规模标准规定》第二条规定，以下建设工程必须实行工程监理：①国家重点建设工程；②大中型公用事业工程；③成片开发建设的住宅小区工程；④利用外国政府或者国际组织贷款、援助资金的工程；⑤国家规定必须实行监理的其他工程。从工程性质、建设规模、投资规模等方面看，大多数电网建设工程均属于工程监理的项目。

依据《中华人民共和国建筑法》和《建设工程质量管理条例》规定，电网企业选择工程监理单位必须通过招标的方式进行。电网企业必须委托具有相应资质等级的工程监理单位进行监理。工程监理单位资质分为综合资质、专业资质和事务所资质。监理单位只能承接与其资质等级相符合的监理项目。

电网企业要严格按照《中华人民共和国建筑法》《中华人民共和国招标投标法》《建设工程质量管理条例》和《监理企业资质管理规定》等相关法律法规规定的程序和条件选择监理单位，同监理单位签订规范的工程监理委托合同，在监理合同中必须明确双方在电网工程建设中的责任和义务，特别是约定质量、安全等方面的监理职责。并按照法律、法规的规定和合同的约定向监理单位提供必须的文件和资料，认真履行法定和约定的义务。

五、电网建设工程验收移交

建设工程验收是建设工程项目建设周期的最后一道程序，国家有关法律、法规明确规定，所有建设工程按照批准的设计文件、图纸和建设工程合同约定的工程内容施工完毕，具备规定的竣工验收条件，都要组织竣工验收。交付竣工验收的建筑工程，必须符合规定的建设工程质量标准，有完整的工程技术经济资料和经签署的工程保修书，并具备国家规定的其他竣工条件。建筑工程经竣工验收合格后，方可交付使用。

（一）按照法律法规规定，履行验收职责

电网建设工完成，电网企业应及时组织竣工验收，不得未经验收就进行交付使用。在验收中，应严格按照验收内容和验收标准进行，重视质量验收。按照验收规程以及其他法律法规规定的技术标准对设计质量、施工质量和设备质量3方面严格验收，不得减少降低验收标准。

（二）电网建设工程档案的移交和及时向建设主管部门备案

施工单位移交的资料须在试运行后1个月内移交完毕，工程启动带电前需要移交的部分应提前移交。施工单位移交的资料由建设单位根据需要向有关单位分发。移交资料包括设计文件、设计变更、电缆清册、设备产品资料、合格证、工厂产品实验检验记录、工程质量检查及缺陷处理记录、隐蔽工程检查记录、设备安装调试记录、实验报告、由施工单位负责办理的全部协议文件等，并由施工单位提供竣工草图。

电网企业应当自建设工程竣工验收合格之日起15日内，将建设工程竣工验收报告和规划、公安消防、环保等部门出具的认可文件或者准许使用文件报建设行政主管部门或者其他有关部门备案。

第三节 电网工程结算法律问题

电网工程结算是指对工程发承包合同价款进行约定和依据合同约定进行工程预付款、工程进度款、工程竣工价款结算的活动。工程结算范围包括工程建设全过程中的建筑工程费、安装工程费、设备购置费和其他费用等。工程结算遵循“合法、平等、诚信、准确”的原则，遵守国家有关法律、法规、规章和国家电网有限公司相关规定，严格执行合同约定。

一、职责分工

国家电网有限公司基建部（以下简称国网基建部）负责国家电网有限公司输变电工程结算的归口管理，全面指导和组织开展国家电网有限公司工程结算工作，制定相关管理办法并监督检查；国家电网有限公司交流建设部和国家电网有限公司直流建设部负责所辖范围内特高压交流、直流等工程的结算管理；省公司级单位［省（直辖市、自治区）电力公司和直属建设公司］基建管理部门贯彻落实国家电网有限公司工程结算管理有关要求，负责所辖工程结算管理工作，审核批准工程结算。

建设管理单位（负责具体工程项目建设管理的省公司级单位、地市供电企业、县供电企业）贯彻执行上级工程结算有关规定；负责起草相关合同条款；具体负责工程结算日常工作，开展工程量管理、设计变更管理和进度款支付管理等工作，对承包人递交的工程结算文件进行审核，编制和上报工程结算；负责汇总工程可研、环保、材料、设备、建贷利息等相关管理部门归口工程费用结算资料；负责工程结算资料的归档工作；配合开展工程结算督察、检查工作；配合开展输变电工程造价分析工作。

二、工程价款的确定与支付

（一）工程合同价款的确定方式

（1）招标工程的合同价款应在规定时间内，依据招标文件及其相关澄清文件、中标人的投标文件、中标通知书，由发包人与承包人订立合同约定。

（2）非招标工程的合同价款依据审定的工程预（概）算书，履行必要的审批手续后由发、承包人在合同中约定。

（3）合同未作约定或约定不明的，应依据国家有关法律、法规和规章的规定，按照相关计价标准、办法，由发、承包人协商，并以补充合同的方式明确。

（二）合同条款中对涉及工程价款结算的约定事项（包括但不限于）

（1）合同金额（招标工程按中标价格约定）。

（2）预付工程款（应明确包含安全文明施工费）的数额、支付时限及抵扣方式。

（3）工程进度款的支付方式、数额及时限和工程计量方式、数额。

（4）合同价款的调整因素、方法、程序、支付时间，约定承包人承担风险的范围、幅度及超出的约定范围、幅度的调整办法。

（5）违约责任、赔偿及工程价款争议的解决方法。

（6）工程施工中发生变更时，工程价款的调整方法、索赔方式、时限要求及金额支付方式。

（7）工程竣工价款的结算与支付方式、数额及时限。

（8）工程质量保证金的银行保函所保金额和时限、保函手续费支付责任，或者工程质量保证金的预留数额、预扣方式及时限。

（9）安全文明施工费的支付计划和使用要求。

（10）工期以及工期提前或延后的奖惩办法。

（11）与履行合同、支付价款相关的担保事项。

（12）设计、施工、监理考核评价方法。

（三）工程结算价款约定方式

通过招标确定施工单位的工程采用以下第（1）种方式结算；特殊情况经批准未进行招标的工程可采用第（2）、（3）种方式结算。

（1）投标单位的中标价及按合同规定可调整部分金额。

（2）承包人编制并经发、承包人协商审定的工程结算书。

（3）审定的预（概）算加工程量变动引起的费用增减和特殊施工措施费。

以招标方式发包的工程，工程价款结算可按以下方式约定：

（1）固定总价方式。合同工期较短且工程合同总价较低的工程，可以采用固定总价合同方式。

（2）固定单价方式。双方在合同中约定综合单价包含的风险范围和风险费用的计算方法，在约定的风险范围内综合单价不再调整。风险范围以外的综合单价调整方法，应当在合同中约定。

（3）可调价格方式。可调价格包括可调综合单价和措施费等，双方应在合同中约定综合单价和措施费的调整方法，调整因素包括法律、行政法规和国家有关政策变化影响合同价款，工程造价管理机构的价格调整，经批准的设计变更，发包人更改经审定批准的施工组织设计（修正错误除外）而造成的费用增加，双方约定的其他因素。

（四）变更合同价款

（1）合同中已有适用于变更工程价款的条款，按条款执行。

（2）合同中有类似于变更工程价款的条款，可以参照执行。

（3）合同中没有适用或类似于变更工程价款的条款，由承包人与发包人协商确定，签订补充合同或协议。

（4）按照固定总价方式签订合同，不得变更合同价款。

（五）工程价款支付

（1）工程价款支付应严格执行合同约定。工程预付款比例原则上不低于合同金额（扣除暂列金额）的10%，不高于合同金额（扣除暂列金额）的30%；工程进度款根据确定的工程计量结果，承包人向发包人提出支付工程进度款申请，并按约定抵扣相应的预付款，进度款总额不低于已完工程价款的70%，不高于已完工程价款的90%。

（2）设备物资应根据合同拨付预付款、进度款、尾款及质量保证金。

三、工程结算文件的编制与审核

（1）承包人编制建筑、安装、调试等施工结算文件，提交业主项目部。

1）220kV及以上输变电工程应于单位工程竣工验收后15日内编制完成并提交；110kV及以下输变电工程应于单位工程竣工验收后10日内编制完成并提交。

2）工结算文件中应包含承包人申请结算的完成了工程设计和合同约定的各项内容费用及相关依据，合同约定事项未完成、未在规定时间内提交结算资料或结算资料不齐全的项目不纳入工程结算。

3）施工结算文件应加盖造价执业专用章和单位公章，电子版数据应符合国家电网有限公司公司系统工程结算相关软件要求。

（2）设计、监理等单位编制相应的工程结算文件，提交业主项目部。

1）220kV 及以上输变电工程，应于输变电工程竣工验收后 15 日内编制完成并提交。

2）110kV 及以下输变电工程，应于输变电工程竣工验收后 10 日内编制完成并提交。

（3）发展、运检、科信和财务等相关管理部门在输变电工程竣工投产后 15 日内，应向业主项目部提供可研、环评、生产准备及建贷利息等费用结算资料。

（4）物资管理部门在输变电工程竣工投产后 15 日内，向业主项目部提供设备材料台账、采购合同等物资采购费用结算基础资料，物资结算资料应对应输变电工程项目，按照工程结算有关要求填报。

四、工程结算质量管理

工程结算编制与审核应满足国家或行业有关质量标准的精度要求，建立工程结算文件的编制、审核与审定管控制度。

（1）建设管理单位应编制竣工结算书上报省公司级单位建设管理部门审批。

1）工程结算应以工程实际和财务账面发生情况为依据，及时收集工程款发票和支付凭证。220kV 及以上输变电工程竣工投产后 60 日内，110kV 及以下输变电工程竣工投产后 30 日内，建设管理单位应编制完成并上报工程结算报告。

2）工程结算编制应全面应用国网基建部发布的《国家电网公司输变电工程结算通用格式》和工程结算编制软件，统一规范工程量管理文件和工程结算报告，提高工程结算工作质量和效率。

3）输变电工程分期竣工投产，应按期完成竣工投产部分的工程结算，并说明有关情况；其中未同期竣工投产的工程竣工投产后，应对应其电压等级按期完成工程结算。

4）输变电工程竣工投产后不宜留有未完工程。确有未完工程时，应附相关依据文件，并经省公司级单位基建管理部门审查同意。未完工程概算不宜超过总概算的 5%。未完工程应在竣工决算报告完成后 6 个月内建设实施完毕。

5）工程结算应控制在批准概算总投资内。

6）工程结算突破批准概算总投资，应及时上报原初步设计批复单位审核。

（2）工程结算编制与审核工作遵循承包合同的约定，在合同未约定或约定不明时，应按国家现行标准及有关规定执行。

（3）220kV 及以上输变电工程竣工投产后 100 日内，110kV 及以下输变电工程竣工投产后 60 日内，省公司级单位基建管理部门完成工程结算审查批准工作。

（4）工程结算完成后，建设管理单位应及时移交财务管理部门办理工程决算。

五、工程结算集中监督管理

国家电网有限公司实行工程结算集中监督与分级负责管理，主要内容包括工程结算审批，工程结算上报备案，工程结算督察和工程结算检查、考核等。

（1）工程结算应经省公司级单位建设管理部门审批，由部门主任签字并加盖部门章。工程结算审批完成后，省公司应及时组织上报国网基建部备案。

1）上报工程结算主要内容包括工程结算报告、工程结算审批文件、可研批复文件、初设批复文件等。

2）上报工程结算如经审查不符合要求，省公司级单位建设管理部门应在 7 日内整改完成并重新上报。

（2）工程结算督察是国网基建部对工程结算质量进行监督检查，督察主要内容包括：

1）对工程招标投标、设备材料结算、合同价款确定、资金支付等建设全过程造价管理行为进行检查。

2）对初步设计批复意见和国家电网有限公司相关管理规定执行情况及省公司级单位工程结算管理情况进行检查。

3）重点对工程结算审价、工程量管理、设计变更及现场签证、建设场地征用及清理费使用等情况进行检查，必要时踏勘现场，调查、取证。

（3）工程结算督察工作流程。

1）国网基建部根据工程实际情况选取或抽查工程结算项目，制定工程结算督察计划，择优选择督察单位承担工程结算督察工作任务。

2）省公司级单位建设管理部门根据工程结算督察计划安排，组织相关单位配合开展工程结算督察工作并签订督察合同。

3）工程结算督察报告印发后 1 个月内，省公司级单位建设管理部门完成问题整改并重新上报工程结算。

（4）国网基建部针对工程结算管理情况开展检查。

1）开展工程结算全面检查，监督落实管理职责和工作流程，及时发现并纠正存在的问题。

2）针对工程结算管理关键环节和共性问题开展专项检查。

3）通报工程结算管理工作情况，总结工程结算管理成果及存在的问题，提出改进的措施和办法。

六、评价和考核

工程结算管理评价与考核内容包括工程结算进度和质量等情况。

评价考核分级实施，国网基建部评价考核省公司级单位，省公司级单位评价考核所辖地市（县）供电企业。

评价考核结果纳入同业对标等评价考核体系。出现以下情况，对省公司级单位予以通报批评：

（1）工程结算进度严重滞后。

（2）工程结算质量不合规、管理不规范等情况屡次出现。

（3）工程结算弄虚作假、违纪违法等其他方面的问题。

受到通报批评且整改不力的单位，国网基建部委托咨询单位负责其所辖工程结算工作。

七、国家电网有限公司保障输变电工程建设农民工工资支付的通知

2020 年 3 月 23 日，为了进一步规范参与输变电工程建设的农民工的工资行为，保障按时足额发放，支撑工程有序建设，国家电网有限公司发布《国家电网有限公司保障输变电工程建设农民工工资支付的通知》（国家电网基建〔2020〕151 号），要求各省（自治区、直辖市）牢固树立依法合规理念，保障农民工工资支付。任何单位和个人不得拖欠农民工工资。统一推行分包人员实名制管理工作，建立健全农民工工资支付协同机制。农民工工资发放信息应与作业现场实名制管理信息一致。

（一）应用信息化保障农民工工资实名制支付

（1）纳入国家电网有限公司建设工程施工实名制管理，加强农民工工资支付信息实名登记、审核。工资支付实名制信息包括姓名、身份证、社保保障卡或工资银行卡、支付周期、支付日期等信息，以及劳动合同或协议复印件、身份证复印件、银行卡复印件等材料。

（2）作为现场施工人员进场审查必要条件，进场前用工单位编制《农民工实名制工资信息报审表》，经施工项目部、监理项目部审核同意后进入现场。

（3）确保相关信息一一对应。进入现场的农民工施工人员，必须与施工总承包单位或者分包单位订立劳动合同或者协议，进行用工实名登记、准确全面填写实名制工资支付信息，并且已经录入国网“e 安全”管理系统。

（4）用于支付农民工工资的银行账户所绑定的农民工本人社会保障卡或者银行卡，应由农民工本人或者授权人保管。用人单位或者其他人员不得以任何理由扣押或者变相扣押。

（二）推行农民工工资代付制度

（1）推行分包单位农民工工资委托施工总承包单位代发制度。施工总承包单位应按照有关规定开设农民工专用账户，专项用于支付该工程建设项目农民工工资。专用

银行账户原则上按工程，或者按合同履行行政区域范围开立。按照国家电网有限公司资金管理有关要求，国家电网有限公司所属全资或控股总承包单位农民工工资专户应在中国电力财务有限公司开立。

（2）依法订立的施工总承包合同中，应明确要求总承包单位开设农民工工资专用账户，约定工程款计量周期、工程款进度结算办法，以及工程款（含人工费）拨付周期，并按照保障农民工工资按时足额支付法人要求约定人工费用，人工费用拨付周期不得超过 1 个月。人工费用指现场实际已完工程量，通过预算额或工程清单计价，计算出的人工合计金额。

（3）施工总承包单位与分包单位依法订立的分包合同中，应当约定工程款计量周期、工程款进度结算办法以及农民工工资支付流程、规定等内容。

（4）施工总承包单位应在项目部配备劳资专管员或兼职劳资专管员，对分包单位劳动用工实施监督管理，掌握施工现场用工、考勤、工资支付等情况，审核分包单位编制的农民工工资支付表，分包单位应予以配合。

（5）工程开工后，建设单位应按照合同约定及时拨付工程款，并将人工费及时足额拨付至农民工工资专用账户。

（6）分包单位应当按月考核农民工工作量，统计农民工工资支付金额，编制《农民工工资支付表》，经农民工本人签字确认后，与当月工程完工工程量、工程进度款等情况一并提交施工总承包单位。分包单位提交的农民工本月工资支付总额原则上不应超过当月已完工程量中人工费总额，并对其提交资料真实性、准确性、合规性负责。

（7）施工总承包方根据分包方编制的工资支付表，通过专用账户直接将工资支付到农民工本人的银行账户，农民工代扣、代缴部分由分包单位依法直接负责。完成工资支付后，向分包单位提供代付工资银行转账凭证复印件，原件作为财务凭证附件由施工总包单位存档保存，以备工作追溯。分包单位依据施工总承包单位代发工资银行转账凭证完成工程成本归集。

（8）与施工总承包单位直接签订劳动合同的农民工，其工资由施工总承包单位按照合同约定周期，及时足额支付。

（9）工程竣工、农民工退场 30 日内，施工总承包单位应通过农民工工资专用账户完成本工程所有农民工工资发放。

（10）开设、使用农民工工资专用账户的有关资料由施工总承包单位妥善保存归档。

（三）规范农民工工资支付形式与周期

（1）农民工工资应当以货币形式，通过银行转账支付给农民工本人，不得以实物或者有价证券等形式替代。

（2）用人单位应当按照与农民工书面约定或者依法制定的规章制度规定的工资

支付周期和具体支付日期足额支付。

（3）施工总承包、施工分包等单位应当按照工资支付周期编制书面工资支付台账、并至少保存3年。书面工资支付台账应当包括单位名称，支付周期，支付日期，支付对象姓名、身份证号码，联系方式，工作时间，应发工资项目及数额，代扣、代缴、扣除项目和数额，实发工资数额，银行代发工资凭证和农民工人员签字等内容。

（4）建设单位与施工总承包单位或者施工总承包单位与分包单位因工程完工数量、质量、造价等产生争议的，建设单位不得因争议不拨付工程款中的人工费用，施工总承包单位也不得因争议不按照规定代发人工工资。

（5）建设单位或者施工总承包单位将建设工程分包或者分包给个人不具备合法经营资格的单位，导致拖欠农民工工资的，由建设单位或者施工总承包单位清偿。

（6）施工分包单位拖欠农民工工资的，由施工总承包单位先行清偿，再依法进行追偿。工程建设项目转包的，拖欠农民工工资的，由施工总承包单位先行清偿，再依法进行追偿。

（四）加强全过程监督管理

（1）建立信息反馈监督机制，省公司、地市公司、建设管理单位应适时对施工总承包、施工分包等用工单位农民工工资实名支付情况进行监督、检查，确保依法依规、按时足额支付。按照合同条款对施工总承包单位相应的违约行为进行处理。

（2）施工总承包单位应对分包单位实名制管理和工资发放情况进行监督。核实现场农民工实名制工资支付信息，核实农民工工资字符表，向分包单位提供代付工资凭证。

（3）施工分包单位对其招用农民工的实名制管理和工资支付负直接责任。

（4）农民工工资支付情况纳入施工总承包单位、施工分包单位相应的供应商不良行为管理，并与相关建设队伍选择业务挂钩。

[案例3]

2012年，某地供电公司因为存在征地完成后未及时开工建设，导致在后期项目开工时村民又要求再次给予青苗补偿费的情况。

问　　题：电网企业征地完成后不及时施工，会面临什么法律风险？

法律解析：根据《中华人民共和国土地管理法》有关规定，禁止任何单位和个人闲置、荒芜耕地。已经办理审批手续的非农业建设占用耕地，一年内不用而又可以耕种并收获的，应当由原耕种该幅耕地的集体或者个人恢复耕种，也可以由用地单位组织耕种；一年以上未动工建设的，应当按照省、自治区、直辖市的规定缴纳闲置费；连续二年未使用的，经原批准机关批准，由县级以上人民政府无偿收回用地单位的土地使用权。

该土地原为农民集体所有的，应当交由原农村集体经济组织恢复耕种。征地后如果没有及时开工，村民补种青苗，在开工时又要求再次给予青苗补偿费，导致增加不必要的建设成本。

以上是电网建设项目中常见问题，因为目前国家法律层面对此没有具体的规定，对于该问题，在目前的情势下，一是要努力争取政策支持，明确线路走廊用地模式，统一补偿原则和补偿标准，规避电网建设用地执法层面的风险；二是对于线路确需跨越房屋、高秆作物限高确需砍伐等情况，应当依法与权利人签订协议，并按照有关规定和补偿标准及时支付补偿款，确保补偿合法有效。同时，应当从内部管理入手，及时整理档案；已经办理建设用地批准手续，取得土地使用权证的建设项目，应当及时开工建设，避免出现闲置土地现象。

[案例 4]

某供电局因建设输变电工程，于 2004 年 9 月与当地土地管理部门签署了关于变电站地块土地使用权出让合同，明确了土地补偿款并支付了相应的金额。该输变电工程项目在 2006 年 5 月竣工投产。2012 年 8 月，该变电站地块所在村的村民小组以该建设工程违法占用集体土地并造成生态环境损害为由，向当地法院提起诉讼，要求供电局恢复原状并赔偿各项损失 7158 万元。

问　　题：该变电站所在村的村民提出的要求是否合理？

法律解析：村民小组认为供电企业未经集体土地征收程序、未经农地转用程序即占有使用涉案土地。事实上，供电企业办理了土地使用权证，建设变电站使用的涉案土地是经过合法征收程序后划拨的。对此供电企业提供了建设用地规划许可证、省国土资源厅关于同意农用地转用方案、征收土地方案和供电方案的批复以及支付相关补偿款和税费的票据等证据，证明供电企业在涉案土地上建设变电站已履行合法程序。

涉案的变电站以及线路部分均经过权威评价机构调查、检查，结论是电磁环境、声环境符合标准要求，生态影响很小。工程完工后还经过该省、市环保局验收合格。村民小组仅提供了一位村民的证言和两位村民的病历，并不足以证明村民的病与该变电站和线路之间存在因果关系。村民小组不能举证证明生态环境损害的原因是涉案变电站和线路引起，应承担举证不能的责任。

2013 年 8 月，法院判决驳回诉讼请求。

综上，该变电站所在村村民提出的要求不合理。

第三章

电力营销管理法律问题

随着电力体制改革的深化，供电公司已经成为自负盈亏的市场主体，供电公司的营销管理正从被动营销转变成主动营销。电力营销是供电公司生产运营活动的最后一个环节，电力营销的能力直接关系到供电公司的盈利水平。电力营销的实质就是通过与用户建立良好的合作伙伴关系，以良好的服务质量满足用户合理用电的要求，实现电力供求之间的相互协调，使得用户能够主动改变消费行为，提高用电效率，从而增加公司的经济效益。

电力营销业务主要包括电力市场开拓、电力需求侧管理、短期电力销售市场分析与预测、节能服务、有序用电、供电营业区、电力用户与发电企业直接交易管理、智能充换电服务网络建设运营、智能小区和光纤入户推广应用管理、电费抄核收、电价执行、业扩报装、供用电合同、营销业务管控等。产品和服务是电力营销的基础工作，供电公司通过一系列与市场有关的经营活动，向用户提供高质量的电力产品和服务。基于此，电力营销法律关系中会涉及多种民事法律关系，既有财产法律关系，也有人身法律关系。本章主要涉及电力营销中的供用电合同、电费回收、停电管理的相关法律知识。

第一节 供用电合同管理

一、供用电合同

（一）供用电合同概念

依据《中华人民共和国民法典》第六百四十八条规定，供用电合同是供电人向用电人供电，用电人支付电费的合同。由此可知供用电合同是以电力这种特殊商品为标的的有偿合同。电力是一种特殊的商品，随时生产随时使用，不能储存，国家对电力供应与使用实行安全用电、节约用电、计划用电的管理原则。实践中，供电公司一般就供电的方式、时间、质量、用电容量、地址、计量方式、电价、电费的结算方式、供电设施维护管理责任等事项与用户在意思表示一致的情况下达成书面协议。

（二）供用电合同的主体

合同主体是合同关系的参加者，是享有合同权利、承担合同义务的自然人、法人和其他组织。依据《中华人民共和国民法典》第六百四十八条规定，供用电合同主体分为供电人和用电人。由于我国对电力供应实行专营制度，在合同中成为供电人的只能是由政府主管部门批准，持有《供电营业许可证》并向市场监督管理部门申请领取营业执照，从事电力供应和电能营销业务的供电企业。根据《中华人民共和国电力法》第二十五条规定，供电人必须是依法取得《供电营业许可证》，具备专属营业资格的企业，并且一个供电营业区内只设立一个供电营业机构。非经供电企业委托，任何单位不得擅自向外供电，但在公用供电设施未到达的地区，可以委托有供电能力的单位就近供电。我国法律并没有对用电人做特别限制。按照《中华人民共和国民法典》关于合同主体资格的规定，用电人是具有民事权利能力和民事行为能力的自然人、法人及其他组织。在供用电合同中，用电人指按照国家法律法规和合同约定，使用电力并支付电费的用户。用电人具有主体多元化的特点，按合同主体类别划分为自然人用户、法人用户、其他组织用户；按行业分大工业用户、非普工业用户、农业用户、商业用户、居民用户等。

（三）供用电合同双方的权利与义务

《中华人民共和国电力法》和《电力供应与使用条例》对供用电合同双方的权利与义务作了具体规定。

1. 供电人的主要权利

（1）供电专营的权利。供电人在核准的供电营业区域内享有电力供应与电能经销专营权，可以根据需要自行设立营业分支机构，自行扩充供电业务范围。在公用供电设施未达到的地区，供电人有权委托有能力的用户就近供电，但必须支付相应的委托费用。

（2）收取电费的权利。供电人有权按照国家核准的电价和用电计量装置的记录，向用户计收电费，用户逾期交费的，有权向其加收违约金。经催交仍不交纳的，供电人有权按照国家规定程序停电。

（3）检查用电人设备设施的权利。供电人有权按照有关规定，对用户的用电情况按法定程序进行用电检查，有权派员至现场检查用户的设备状况、电工作业行为、运行管理等方面是否存在安全隐患，是否存在违法用电的情况。

（4）制止违法违章行为的权利。供电人有权对供用电安全、供用电秩序造成破坏的行为进行制止；有权对用户违章用电的行为加以制止，根据违章事实和违章行为造成供电人的损失追缴差额电费，并按照相关规定加收电费和其他费用；供电人对用户窃电的行为，有权当场采取制止措施，并按规定追补电费和加收违约使用电费。

（5）中止供电的权利。因供电设施检修、依法限电、用户违法用电或者经催告用电人在合理期限内仍不交付电费和违约金等原因，供电人在按照国家有关规定事先通知用户后，有中止供电的权利。

2. 供电人的主要义务

（1）强制缔约义务。在供用电合同中，供电人的主要义务是按照法律的规定和合同的约定向用电人供电，法律对供电人设置了强制承诺义务，在供电能力许可的情况下，不得拒绝用电人的用电要约。依据《中华人民共和国电力法》第二十六条规定，供电营业区内的供电营业机构，对本营业区内的用户有按照国家规定供电的义务；不得违反国家规定对其营业区内申请用电的单位和个人拒绝供电。

（2）按照国家规定和合同约定供电的义务。电力的供应和使用事关社会公共利益，除按照国家规定的供电标准安全供电外，供电人应当按照供用电合同的约定安全用电；供电人应当按照国家核准的价格变更电价，严禁在未获得主管部门同意的情况下另外在电费中加收其他费用；供电人向用户供电的质量标准应当按照国家相关规定，供电企业应当根据必要性和可能性原则满足用户在供电质量的特殊要求。

（3）连续供电的义务。供电人在发电、供电系统正常运行的情况下，应当连续向用户供电，不得中断。因供电设施检修、依法限电或者用户违法用电等原因需要停止供电时，应当按照下列要求事先通知用电方或进行公告：因供电设施计划检修需要停电时，供电企业应当提前7天通知用户或者进行公告；因供电设施临时检修需要停电时，供电企业应当提前24h同时用户；因发电、供电系统发生故障需要停电、限电时，供电企业应按事先确定停电的序位进行停电或者限电。引起停电或者限电的原因消除后，供电企业应当尽快恢复供电。

（4）及时抢修的义务。如果因自然灾害、线路损耗等原因受到影响不能正常供电甚至停电，为保证供用电合同顺利履行，供电人应当根据国家有关规定及时抢修，及时抢修义务属法定义务，抢修一般由供电设施破坏地区的供电营业机构负责，或者由几个供电营业机构协同抢修，以保证尽快通电。

3. 用电人的主要权利

用电人都有依法申请用电的权利，供电人无正当理由不得拒绝用电人的申请；用电人有权要求供电人的供电质量符合国家标准和合同约定的权利；用电人有临时用电、增加用电容量、变更用电和终止用电的权利；因电力运行给用电人造成损害的（除用电人自身过错或不可抗力之外），用电人有权向供电人请求损害赔偿。

4. 用电人的主要义务

（1）及时支付电费的义务。供电人向用电人提供电力，为用电人带来生产上的效益和生活上的方便，用电人应为此支付相应电价。根据《中华人民共和国民法典》和《中华人民共和国电力法》的有关规定，用电人逾期不交付电费的，应当按照约定支付违约金。经催告在合理期限内仍不交付电费和违约金的，供电人可以按照法定的程序中止供电。

（2）安全用电的义务。用电人应当按照法律规定和合同约定安全用电，用电人未按法律有关规定和当事人约定安全用电，造成供电人损失的，应当承担损害赔偿责任。用电人不得危害供电、用电安全和扰乱供电、用电秩序，用电人违反此义务，供电人可以根据法律法规追缴电费，情节严重的，可以根据国家规定的程序停止供电。

（3）合法用电的义务。窃电行为是指用电人通过不正当手段秘密享受免费用电服务，《电力供应与使用条例》认定的窃电行为包括在供电企业的供电设施上，擅自接线用电；绕越供电的用电计量装置用电；伪造或者开启法定的或者授权的计量检定机构加封的用电计量装置封印用电；故意损坏供电企业用电计量装置；故意使供电企业的用电计量装置计量不准或者失效；采用其他方法窃电。对窃电行为，依据《供电营业规则》第一百零二条的规定，供电人应当予以制止并可当场中止供电。窃电者应按所窃电量补交电费，并承担补交电费 3 倍的违约使用电费。拒绝承担窃电责任的，供电人应报请电力主管部门依法处理。窃电数额较大或情节严重的，供电人应提请司法机关依法追究刑事责任。

二、供用电合同的履行

供用电合同的履行是指供电人和用电人按照供用电合同的约定或法律的规定全面适当地完成各自承担的合同义务。合同履行是合同目的实现最重要、最关键的阶段。供用电合同生效后，在供电人和用电人之间就开始产生法律效力，供电人和用电人订立合同的目的就是为了实现供用电合同的内容。供用电合同内容的实现需要合同义务得到履行，供用电合同履行是合同目的实现的根本条件。

（一）供用电合同履行的原则

供用电合同履行的原则是指供电人和用电人在履行合同的整个过程中所必须遵循的一般准则。根据我国合同立法及司法实践，供用电合同的履行应遵循实际履行原则、全面履行原则、协作履行原则和情势变更原则。

1. 实际履行原则

实际履行原则指合同当事人必须严格按照有效合同规定的标的履行合同义务，未经权利人同意，不得以其他标的代替履行。实际履行原则包括两项内容：①标的不可代替；②不能以承担违约责任来代替履行合同。按照实际履行原则，合同已经有效成立，合同当事人就必须实际履行合同所规定的义务。即使在合同被违反后，实际履行原则仍然约束双方当事人必须实际履行合同，不允许以违约金或损害赔偿金代替履行。供用电合同的标的是电能，按照实际履行原则，供电人如果未履行连续供电义务，即使支付了违约金或损害赔偿金，如果用电人坚持继续履行合同，供电人还应当补供电量。

2. 全面履行原则

全面履行原则指当事人除按合同规定标的履行外，还要按合同规定的数量、质量、履行期限、履行地点、履行方式、电价、电费结算方式、结算条款的规定履行。依据《中华人民共和国民法典》第五百零九条规定，当事人应当按照约定全面履行自己的义务。合同是双方当事人根据自身的实际需要而订立的，合同的各项条款都反映了当事人所要达成的目的和实际承受能力，如果不严格按照合同条款全面履行，权利人的合同目的就无法实现。全面履行原则是判断供用电合同是否履行或违约的标准，是衡量供用电合同履行程度和违约责任的尺度。

3. 协作履行原则

协作履行原则，是指当事人不仅适当履行自身的合同债务，而且应基于诚实信用原则的要求协助对方当事人履行其债务的原则。依据《中华人民共和国民法典》第五百零九条规定，当事人应当遵循诚信原则，根据合同的性质、目的和交易习惯履行通知、协助、保密等义务。在合同的履行过程中，供用电双方当事人如不互相协作、互相提供保证、互相为对方履约创造条件，则无法实现按合同约定的条件用电。

（二）供用电合同履行的规则

供用电合同履行的规则是指法律规定的适用于合同相关事项，当事人履行合同必须遵守的具体规则。对于当事人没有约定或约定不明的条款，如果法律、行政法规有强制性规定的，从其规定。没有强制性规定的，依据《中华人民共和国民法典》第五百一十条规定，合同生效后，当事人就质量、价款或者报酬、履行地点等内容没有约定或者约定不明确的，可以协议补充；不能达成补充协议的，按照合同相关条款或者交易习惯确定。

1. 供用电合同履行地点

履行地点是合同的主要条款之一，是双方当事人行使其权利、履行其义务的地点。供用电合同是一种特殊的买卖合同。供用电合同的标的物“电”是一种特殊的商品，其特殊性在于它不是有形物体，人们看不见，摸不着。因此供用电合同双方当事人尤其应注意约定合同的履行地点。供用电合同的履行地点是指供电人将电力所有权转移至用电人的转移点。依据《中华人民共和国民法典》第六百五十条规定，供用电合同的履行地点，按照当事人约定；当事人没有约定或者约定不明确的，供电设施的产权分界处为履行地点。

2. 供用电合同履行的质量

供用电合同是一种特殊的买卖合同，其标的是一种特殊的物质即电力。在一般的买卖合同中，出卖人按照双方当事人约定的质量标准和数量交付标的物。

（1）供电频率。供电频率应当达到50Hz。依照国家有关标准，电网容量在300万kW及以上的为±0.2Hz，质量符合标准；电网容量在300万kW以下的，为±0.5Hz，质量符合标准。如果供电频率大于以上标准，不论频率低或高都会给用户和电力生产造成危害。

（2）供电电压。供电电压是以伏特为标准的，应符合规定要求。电压质量还包括波形质量、用户受电断的电压变动幅度及三相电的平衡情况。一般情况下，供电电压质量没有特殊要求的用户，额定电压±5%为质量合格。对供电电压10kV及以下用户，额定电压±7%为质量合格。电力用户照明用电和居民生活用户为额定电压的±10%为质量合格。

3. 供用电合同履行的电价

根据《中华人民共和国电力法》第三十五条规定，电价包括上网电价、电网间互供电价和电网售电价。供用电合同的电价是电网售电价，即电网通过供电企业向用户售电的电价，供用电合同双方都应当遵守国家电价制度和电价管理权限的规定，按照国家规定的电价标准收费和付费，不得擅自变更电价。依照《中华人民共和国电力法》的相关规定，供用电合同的当事人应当以合理补偿成本，合理确定收益，依法计入税金，坚持公平负担，促进电力建设的原则确定电价。任何单位不得超越电价管理权限制定电价。

4. 供用电合同履行的时间

供用电合同的履行与其他一般买卖合同的履行不同，一般买卖合同的标为有体物，其履行时间往往是物的一次性转移的时间。而供用电合同的标的为无体物，其履行的时间是从合同生效至合同终止的全过程中，电能要连续不断地转移。当事人应当根据本地区用电的实际情况来确定供用电时间。另外，约定用电时间，也可避免同时间用电人集中用电，造成用电高峰时间供电设施因负荷过大而发生事故。由于我国的电力可供量和所需量之间还存在一定的差距，电力供应仍然不能满足社会经济发展的需要，约定供电时间可避免出现用电过于集中，造成供电不足等问题。

三、供用电合同的违约责任

违约责任是合同关系中当事人双方或一方违反合同规定，不履行或者不完全履行合同义务依法产生的法律责任。违约责任是违反合同义务的责任，是一种民事责任。

（一）供用电合同违约责任的特点

供用电合同的违约责任是指供用电合同当事人由于自己的过错造成供用电合同不能履行或者不完全履行时，按照法律规定或合同约定向对方承担的一种法律责任。供用电合同违约责任有法定违约责任和约定违约责任两种。如果供用电合同中对违约责任没有做出具体的规定，发生违反合同的事实需要追究责任时，按法律法规的规定办理。除此之外，在订立供用电合同时，双方当事人可以根据法律法规的规定，由双方约定具体违约责任条款。发生违法合同约定的内容，需要追究法律责任时，按照合同约定的条款办理，无论法定违约责任，还是约定违约责任，都具有以下特点。

1. 当事人主观上有过错

违反供用电合同的当事人，因为自己有过错，不履行或者不完全履行供用电合同是经常发生的违反合同的表现。但是在实践中，往往还有其他的表现，譬如，不履行或者不完全履行供用电合同问题，是由个人失职造成的重大事故而引起的，或者由于供电合同当事人的领导机关或者业务机关的过错造成的。在这种情况下，当事人没有过错，这时也应当先由合同当事人承担相应责任，而后可向相关责任人追偿。

2. 违约方应主动承担违约责任

如果违约方不主动承担违约责任，当事人可以申请法院或仲裁机构追究违约方的法律责任，但供用电合同与其他民事合同的重要区别是，如果用电人违约，供电人在一定情况下，可以单方追究用电人的违约责任，并直接予以制裁。譬如，用户违约超额用电，供电人可以对用户采取限电、加价收费等措施，不需要经过人民法院。用户不服违约制裁时，方可经诉讼或仲裁程序解决。

3. 违约须有危害后果

供用电合同与其他民事合同不同，在一定条件下，供用电合同当事人一方或双方违约，不一定会给另一方当事人造成危害。譬如，用电人在缺电的情况下，在用电高峰时，没有按照合同约定的容量使用而少用了电，不但没有给供电人造成损害，反而减少了电网负荷。在这种情况下，就不需承担违约责任。

4. 违约责任具有连带性

由于电是通过输配电网络送到用户，而且用户相互之间在一定区域内，又是不可分割的，根据我国目前的实际状况以及现代科学技术的局限，不可能做到分户供电。因此一旦一个用户或多个用户违反供用电合同，超负荷用电，危害供用电安全时，就会迫使供电方拉闸限电。没有违约的用户此时受违约用户的连带。在这种情况下，供电人不承担违约责任。

（二）供用电合同的违约形式

了解供用电合同的违约形式，对于确定违约责任相当重要，对违约的经济制裁、维护合同当事人的权益、维护合同严肃性具有重要意义。根据有关法律法规的规定，供用电合同的违约形式主要有以下几种。

1．不能履行合同

即供用电合同当事人一方不能履行已经签订的供用电合同，无法实现合同签订的目的。不能履行供用电合同有两种情况：①当事人故意不履行，即当事人实际上能够履行已签订的供用电合同而故意不履行；②当事人不能履行，即当事人已经不可能实际履行供用电合同。

2．不适当履行供用电合同

即供用电合同的当事人虽然有履行合同的行为，但没有按照供用电合同规定的每一项内容或条款履行。主要表现为供电方式、供电质量、供电时间、供电容量、用电地址、用电性质、计量方式、电价类别、电费及其结算方式等不符合合同要求。

3．迟延履行电力合同

即供用电合同义务人到期能够履行合同规定的义务而没有履行。迟延履行供用电合同有两种情况：①义务人由于过错到期没有履行。譬如，用电人记错缴费日期、供电人迟延供电等。②权利人迟延接受履行，供用电合同的履行必须是义务人履行、供电人接受同时进行，如果义务人履行合同，权利人不接受，这也是违约的一种形式。譬如供电方按照合同约定，按时将供用电设施安装完毕，并按照合同约定时间供电，而用电权利人却以产品无销路不能用电为由，不履行用电权利，不接受供电义务人的履行。

（三）供用电合同违约的归责原则

合同违约归责原则是指合同当事人不履行合同义务或者履行合同义务不符合约定时，应当以何种根据使其负责。过错责任原则是违约归责原则的主要原则，它是指合同当事人一方违反合同约定，不履行或不适当履行合同义务，以其是否有过错作为确定其是否承担责任的要件和确定责任大小的依据。过错责任原则有两层含义：①当事人主观过错是过错责任原则确定责任的构成要件。在确定当事人责任时，不仅要考虑违约人的违约行为，还要考虑违约人的主观过错。②当事人主观过错是过错责任原则确定责任范围的依据。依据《中华人民共和国电力法》第六十条规定，因电力运行事故给用户或第三人造成损害的，电力企业应当依法承担赔偿责任。同时又规定，电力运行事故由下列原因之一造成的，电力企业不承担赔偿责任：不可抗力；用户自身的过错。因用户或者第三人的过错给电力企业或者其他用户遭受损害的，该用户或者第三人应当依法承担赔偿责任。因此，除了以上免责事由，若供电人对已经发生供电事故不能证明自身没有主观过错，都应依法承担损失赔偿责任。而对用电人则实行的是一般过错原则，即只有供电人证明，由于用电人的主观过错而发生了用电事故，且造成了供电方的损失，用电人依法承担赔偿责任。

（四）供电合同违约责任的承担方式

供用电合同违约责任的承担方式是指违约的当事人按照法律的规定或合同的约定，应当承受的制裁形式。根据《中华人民共和国民法典》和有关法律法规的规定，供用电合同的违约责任承担方式有许多种，最主要的有违约金、滞纳金、赔偿金、加收电费、补还电力电量和扣还电力电量等形式。电力法律法规及规章对供用电合同违约责任的承担方式具体有如下内容。

1. 电力运行事故的责任承担方式

电力运行事故造成的损失，有时难以估量，由引起电力运行事故者承担所有损失，这是不现实的，其承担的风险也太大，因此法律法规对其责任的规定有所限制，即不以实际损失额为赔偿标准。根据相关规定，由于供电企业电力运行事故造成用户停电的，供电企业应当按用户在停电时间内可能用电量的电度电费的 5 倍给予赔偿。用户在停电时间内可能用电量，按照停电前用户正常用电月份或正常用电一定天数内的每小时平均用电量乘以停电小时求得。由于用户的责任造成供电企业对外停电的，用户应按供电企业对外停电时间少供电量，乘以上月份供电企业平均售电单价给予赔偿。

2. 供电质量的责任承担方式

用户用电功率达到规定标准，而供电电压没有达到标准幅度，给用户造成损失的，供电企业应按用户每月供电质量不合格的累计时间内的用电量乘以当月平均电价的 20%给予赔偿。供电频率超出允许偏差，给用户造成损失的，供电企业按每月用户在频率不合格的累计时间内所用电量乘以平均电价的 20%计算。

3. 滞纳电费的责任承担方式

用户在供用电合同规定的期限内未交清电费时，应承担电费滞纳的违约责任。电费违约金从逾期之日开始计算至交纳日止。居民用户每日按欠费总额的 1‰计算，其他用户当年欠费按 2‰计算，跨年欠费按 3‰计算。电费违约金收取总额按日累加计收，总额不足 1 元，按 1 元收取。用户与其支付电费的，电价上涨时，按新价计算；电价下降时按原价计算。

4. 危害供电安全责任的承担方式

私自超过合同约定的容量用电的，除应拆除私增容设备外，用户应补交增容电费，并承担 3 倍增容基本电费的违约使用费。如用户要求继续使用的，按新装增容办理手续。擅自超过计划分配的用电指标的，应承担高峰超用电力每次每千瓦 1 万元和超用电量与现行电价电费 5 倍的违约使用费。擅自使用已在供电合同中约定停用的电力设备或启用供电企业封存的电力设备的，应停用违约使用的设备。私自迁移、更动和擅自操作供电企业的用电计量装置、电力负荷装置、供电设施以及约定由供电企业调度的用户受电设备者，属于居民用户的，应承担每次500元的违约使用电费；属于其他用户的，应承担每次5000元的违约使用电费。未经供电企业的同意，擅自引入电源或将备用电源和其他电源私自并网的，除应拆除接线外，应承担其引入或并网电源容量每千瓦500元的违约使用电费。

第二节　电费回收管理

电能与其他工业产品一样是商品。顺利完成销售电能和取得电费，成为供电企业最核心、最基本的业务。电费收入不仅仅是电力企业的电能生产、输送及其管理资金的来源，也是国家的重要财政收入之一。简而言之，电费是供电企业生存发展的关键，是国家收入的重要依靠，没有电费收入，供电企业将无以为继。

一、电费回收的概念与方式

供用电合同是双务有偿合同，供电人持续供给电力的目的在于获得用电人支付的价款即电费。电费回收是供电企业按照国家批准的电价，依据电能用户实际用电和电能计量装置的记录计算电费，并及时、准确地回收电费的活动。电费回收的过程主要包括抄表、核算、收费3个相互联系的环节。抄表环节主要是由供电人定期抄录对用电客户计费的电能计量装置读数，核对与计费有关的电能表及其附属设备的接线、封印和运行情况。核算环节是由供电人对抄表读数复核后根据合同确认的计费参数进行电费计算，并对电费计算结果进行校核处理。收费环节是电费回收的最终环节，由供电人运用特有的几种收费方式进行电费回收。依据《中华人民共和国民法典》第六百五十四条规定，用电人及时支付电费的义务。依据《中华人民共和国民法典》第六百五十四条和《电力供应与使用条例》第三十九条规定，赋予供电企业在用电人欠费时中止供电的权利。电费回收的主要方式有柜台坐收、电费买断、银行代收、社会化收费、电费预交和分期结算。

（一）柜台坐收

柜台坐收即由用电人到供电人的营业厅缴纳电费，这是目前采用最广泛的一种收费方式。其最大优点是比较符合用电人作为消费者的传统消费观念，按照用电人的习惯性思维方式，在柜面进行一对一的“一手交钱、一手给票”的交易方式最为直观，用电人如果有疑问时可以当面询问，大多数用电人愿意采用这种方式。这种方式的主要特点是定点、定时，但是由于绝大多数用电人的电费结算周期是按月进行的，因此带来了几个方面的问题：①收费高峰期间服务品质难以保障；②现金找零容易不足；③定点定时收费给客户带来一定程度的不便；④现金管理不便且存在较大风险。

（二）电费买断

电费买断的方式主要适用于农村地区，是指在每月的电费发票开出后，负责特定区域电费回收工作的农电工根据所管辖台区的电费合计金额，一次性垫资全额买回电费发票，再由农电工自己设法收回电费。这种电费回收方式降低了供电企业的电费回收风险，同时在很大程度上增强了农电工的责任感，提高了农电工工作的积极性。但是，实行电费买断后，电费回收的风险转嫁到了农电工的身上，可能给农电工个人带来不小的经济风险，给供电企业带来优质服务方面的风险。

（三）银行代收

银行代收是指由银行代替供电人的营业厅进行收费。这种收费方式是伴随着供电公司、银行各自技术支持系统的成熟而出现的，使得用电人从银行柜台缴费成为可能。由银行实施代收的优点在于拓展了收费点的数量，减少了现金流量，用电人可以当场取得电费发票，既方便了供电人，也方便了客户，但是银行提供的服务与供电人相比可能存在差距，同时可能出现信息联网故障的风险。

（四）社会化收费

社会化收费是指借助社会化组织（或个人）的力量为供电人回收电费的一种方式。社会化收费与银行实时代收相似，它主要是利用社会化组织的场地、人员、设备进行联网实时收费，如社会化商业机构代收、超市或商场的 POS 机等，这种方式需要收费终端和供电公司联网运行。社会化收费方式在一定程度上能够提高电费的回收率，缓解供电公司营业厅和收费人员不足、用电人交费难、电费回收成本过高等问题。

（五）电费预交

电费预交是指采用“先缴费、后用电”的方式进行电费回收，这种收费方式有效规避了风险，对于电费回收的效果是十分明显的。按照公用电合同的约定或者补充约定，基于《中华人民共和国民法典》中关于合同的法律规定，供用电双方达成合意后，电费预交是合法有效的也是当前非常普遍的一种电费收费模式。

（六）分期结算

分期结算主要针对的是用电量较大的用户，每个月进行若干次用电量结算，并于抄表后结清当月电费。收费次数由供电人与用电人协商确定，一般每月的收费次数都在 3 次以上。这种方式可以有效杜绝电费回收过程中呆、死账的发生，规避了经营风险，确保了用电量较大用户的电费如期结零。

二、电费回收的法律风险

电费回收的法律风险主要发生在供电人与用电人之间，根据用电人的不同性质，将电费回收的法律风险分为居民用电产生的电费回收法律风险和非居民用户用电产生的电费回收法律风险。

（一）居民用电产生的电费回收法律风险

居民用电产生的电费回收法律风险主要包括房屋长期空置产生的电费回收法律风险，电费催缴通知不到位产生的电费回收法律风险，农家乐、民宿等特殊用户电费回收法律风险和政策性质拆迁用户电费回收法律风险等。

1. 房屋长期空置产生的电费回收法律风险

房屋长期空置产生的电费，主要指用户长期空置房屋内电器连接电源产生的电费以及小区内电梯、路灯产生的公摊电费。部分用户对于空置房屋产生的电费存在疑问：①认为不运行用电设备则不产生电费；②用户已经向小区物业缴纳了物业管理费，公摊电费应由物业公司缴纳，不应再由用户个人提交。用户有知悉电费类型、收费标准的权利，如果供电公司不做好解释协调工作，将会给电费回收带来一定的法律风险。

2. 电费催缴通知不到位产生的电费回收法律风险

电费通知单是供电人对用户就电费产生时间、金额、期限等发出的书面（电子）通知。有效送达电费通知单，及时将电费情况通知到用户是供电人按期收取电费，计算逾期违约金的前提。在实践中往往出现因通知不到位而导致用电人缴纳电费不及时，让供电公司在电费催缴和民事诉讼中处于被动地位。

3. 农家乐、民宿等特殊用户电费回收法律风险

农家乐、民宿是新兴的旅游休闲形式，是用户用自己的闲置房进行集农产品加工、住宿餐饮等娱乐活动为一体的经营。一般而言，农家乐、民宿的经营主体应登记注册为法人、非法人企业和个体工商户，但部分未登记为法人或个体工商户的主体从事此类经营，往往以居民用户的名义向供电人开户，或者直接在自家受电设施上接电经营，对于以居民用户开户的用电人只能对其适用居民生活用电价格。这种一体经营的用电模式给用电性质调整及电费回收带来一定的法律风险。

4. 政策性质拆迁用户电费回收法律风险

城中村改建、城市新区扩容、高铁、高速等民生工程建设引发了大批量的居民用户拆迁。按照供电公司相关文件，拆迁用户适用销户相关规定，用户应在销户前将所欠电费结清。但由于此类用户的房屋将面临拆迁，房屋后续将不再使用，电量表计很可能拆毁遗失，部分用户不缴纳拖欠电费。同时，由于供电公司未及时更新产权人信息或出租房承租人已经提前搬离，此类电费将难以追缴。

（二）非居民用户用电产生的电费回收法律风险

非居民用户用电产生的电费回收法律风险主要包括：经营困难、破产企业的电费回收法律风险，因政策导致的注销、关停企业电费回收法律风险和预付费控产生的电费回收法律风险等。

1. 经营困难、破产企业的电费回收法律风险

随着市场经济的不断发展和生产方式的不断转型，部分企业经营环境恶化，甚至进入破产程序。企业破产之前所欠缴的电费属于普通债权，在破产债务中一般比例较低，若无适当担保，只能在担保债权、破产费用与共益债务、欠缴职工工资、税费等清偿完毕后，与其他普通债权按比例受偿。但同时，破产管理人在破产阶段使用的电费可以作为破产费用优先支付。根据供电人与用电人签订的供用电合同，无法对目前按时缴纳电费的破产管理人断电，这就导致了供电人在电费追缴诉讼中处于弱势地位，存在着电费难以追缴的法律风险。

2. 因政策导致的注销、关停企业电费回收法律风险

随着我国市场经济的发展以及产业结构的优化调整，部分高耗能、污染较严重的企业被要求注销或关停。但由于此类注销或关停具有行政强制性，因此，部分用户主动缴纳电费的意愿较低，这给供电人电费回收带来了一定的困难和法律风险。

3. 预付费控产生的电费回收法律风险

预付费控是目前确保电费回收的一种新手段，这种模式改变了过去用户"先用电，再付费"的传统用电方式，以"先付费，再用电"的形式替代，转变电力用户的交易习惯。该模式目前在居民用户和非居民用户中都有应用。部门区域预付费控所采用的方式是账户金额用完即可断电，存在着一定的舆情和发生纠纷的风险。同时，在此情形下，因预付不足造成的中止断电可能会对非居民用户生产线、电器设备等造成损失。这类问题所造成的损失到底由用电人承担还是供电公司承担也存在着一定的争议，这是导致预付费控较难在用户中推广的主要原因。

三、电费回收法律风险防范

（一）建立电费信用风险管理制度

电费信用风险管理是指供电人对信用接受方即用电人无力按时、足额支付所欠电费债务时，制定管理制度防止可能发生的潜在损失。制定并实施相应的风险管理措施是要达到销售电力最大化和风险控制最大化，将坏账控制在最低限度内。根据用电人的信用风险等级的划分制定电费回收预警点为高、中、低 3 类并分别制定各种预警案。对于高风险的应依法进行停、限电催收电费，签订电费担保合同，采用各种法律手段催收；对于中风险的应严格执行电费滞纳违约金制度，制订欠费还款计划，签订《电费结算补充协议》，以明确权利义务；对低风险的应向欠费用电人发送《催款通知书》，并建立电费催收办法，由专人负责。

（二）充分运用法律时效

依据《中华人民共和国民法典》第一百八十八条规定，向人民法院请求保护民事

权利的诉讼时效期间为3年，法律另有规定的，依照其规定。这是对民事权利保护的一般性规定，除法律另有规定外，超过3年就不予以保护，丧失公力救济的胜诉权，其规定的出发点是促使权利人积极行使其权利。为保障供电人的合法电费债权，供电人务必应当在法律规定的时效范围内行使诉权。行使诉权的前提就是要有充分的法律证据，做到正确抄表，准确计算电费，并及时通知用电人履行支付义务。在当用电人无故延期支付或不对等支付时，立即启动法律程序以保障供电人的合法债权。除此以外，供电人还可以充分利用诉讼时效的中止和中断制度。依据《中华人民共和国民法典》第一百九十四条规定，在诉讼时效期间的最后六个月内，因不可抗力或其他障碍不能行使请求权的，诉讼时效中止。从中止时效的原因消除之日起，诉讼时效继续计算。诉讼时效因提起诉讼、当事人一方提出要求或同意履行义务而中断，从中断时起，诉讼时效重新计算。由此可以看出，供电人还是有充分的时间和事实理由来保障请求权的诉讼时效的。

供电人按照供用电合同的约定，在提供电力供应后，及时抄表，准确计算电费，发出催交电费通知书或电费确认函等可以请求用电人支付电费的依据，并要求用电人进行确认，签章；根据司法解释，如供电人与用电人约定合法有效的仲裁协议，进而提起仲裁裁决，也可以达到诉讼时效中断的效果；根据《最高人民法院关于贯彻执行〈中华人民共和国民法通则〉若干问题的意见（试行）》（以下简称《民通意见》）第一百七十三条规定，供电人可以在诉讼时效中断后的新的诉讼时效期间内再次请求，诉讼时效再次中断；供电人向用电人的债务保证人、代理人或者财产代管人主张权利的，可以认定诉讼时效中断；在运用诉讼时效中断这一制度时，供电人最好运用书面请求凭证，并要求相应的主体对其请求权进行书面确认，以有利于从程序上把握和保护自己的程序权利。

（三）在供用电合同中进行风险规制

供用电合同是供用电双方权利义务的体现，也是在发生纠纷时确定双方是否违约及责任承担的依据，因此对于供用电合同内容的充分考虑是必要的。在供用电合同中双方应该对电费执行的电价、电费缴纳方式、期限、违约责任等进行明确规定，同时可以根据用户的信用状况及履约能力，采取购电制、预付电费、分期结算等方式来保证电费的回收。

（四）电费债权担保

电费债权与普通债权在本质上并无差异，加之电力法律法规没有强有力的措施来保障债权，依靠停止供电这一中止合同的方式虽然可以防止损失的进一步扩大，但对于既有债权的保护力度不够。应当运用好保障实现债权的一系列制度来保障电费的回收。在订立供用电合同的同时，供、用电双方可另行签订电费结算协议或电费担保协议，作为合同的附件，在用电人不履行缴付义务时，供电人可以依据担保协议行使抵押权、担保权等权利以保证电费债权的实现。同时，供电人作为债权人在符合法定的条件下可以行使代位权、撤销权来维护自己债权。

（五）起诉、财产保全与执行

在运用其他方式不能取得电费回收的效果时供电人依法可以提起民事诉讼，以保护自己的合法债权，诉讼方式是供电人保障电费回收的最后一道法律屏障。此外，如果供用电合同签订有仲裁条款，或另行订立有仲裁协议，则供电公司可以申请仲裁，根据《中华人民共和国民事诉讼法》和《中华人民共和国仲裁法》的相关规定，合法有效的仲裁条款或仲裁协议可以排除人民法院对民事纠纷的管辖。不论是最终选择哪种方式保障电费回收，在起诉或提请仲裁前，供电人应当首先收集好证据，做到证据充分，然后根据《中华人民共和国民事诉讼法》第一百一十九条规定向人民法院起诉，即供电人的起诉必须符合原告是与本案有直接利害关系的公民、法人和其他组织；有明确的被告；有具体的诉讼请求和事实、理由；属于人民法院受理民事诉讼的范围和受诉人民法院管辖等条件。

财产保全是指遇到有关的财产可能被转移、隐匿、毁灭等情形，从而可能造成对利害关系人权益损害或可能使人民法院将来的判决难以执行以及不能执行时，根据利害关系人及当事人的申请、人民法院的决定，而对有关财产采取保护措施的制度。这是为了避免判决书成为一张空头支票，法律在制度上设计了财产保全制度。结合供用电合同来看，财产保全的意义在于维护供电当事人的合法电费债权，以及保障法院的生效裁判能够得到实现。供电公司可以根据《中华人民共和国民事诉讼法》第一百条和一百零一条的规定，申请诉前保全与诉讼保全。申请保全的财产范围是与用电人所欠供电人的电费债权价值相当的财产，包括用电人的银行账户的资金和实物财产权利凭证等。在进行财产保全之前一定要注意核实调查用电人的财产状况包括财产种类、权属性质、市场价值、财产分布地点等，并制作详细财产清单，分析采取保全最能有效实现供电人债权的对象、方式和途径。根据《民诉意见》第一百零二条规定，人民法院对抵押物、留置物可以采取财产保全措施，但抵押权人、留置权人有优先受偿权利。即使在抵押物、留置物有在先权利，但只要没有超出抵押物、留置物的价值，供电人仍应申请保全，当然申请保全费用过高的情况除外。同时在申请财产保全之前一定要做好保密工作，避免用电人恶意逃债行为，随意处置自己的财产对供电人的电费债权造成不利后果，避免因此而增加的不必要的诉讼程序。

执行是人民法院的执行部门依照法定程序，对发生法律效力的法律文书确定的给付内容，以国家强制力为后盾，依法采取强制措施，迫使义务人履行义务的行为。当供电人通过法律程序依法取得对电费债权的生效法律文书，在用电人不自觉履行法律文书所规定的义务时，供电人可以就该项债权申请人民法院执行。在申请时除了向人民法院的相关执行机构提供被执行人即用电人的财产状况包括财产的性质、所在地、种类等基本信息外，还要注意修改后的《中华人民共和国民事诉讼法》对执行部分的新增规定，尤其是对供电人申请执行比较重要的条款。根据《中华人民共和国民事诉讼法》第二百三十一条规定，发生法律效力的民事判决、裁定，以及刑事判决、裁定中的财产部分，由第一审人民法院或者与第一审人民法院同级的被执行的财产所在地人民法院执行。法律规定由人民法院执行的其他法律文书，由被执行人住所地或者被执行的财产所在地人民法院执行。供电人依据做出法律文书的主体选择申请执行的执行法院。在执行申请书中，还可以根据《中华人民共和国民事诉讼法》相关的执行措施针对不同信用等级的用电人申请最能达到执行效果的执行措施，比如对用电信誉特别差的恶意逃避欠缴电费的用电人，依据《中华人民共和国民事诉讼法》申请人民法院对其法定代表人进行拘留、罚款，冻结、划拨银行存款，采取限制出境，在征信系统记录、通过媒体公布不履行义务信息以及法律规定的其他措施。

第三节 停电法律问题

一、停电概念及常见停电类型

停电，即停止供电，指的是供电人中止履行供用电合同的行为。根据《中华人民共和国民法典》第五百零九条规定，合同订立后，当事人应当按照约定全面履行自己的义务。没有正当理由，不能中断合同的履行，否则就要承担违约责任。依据《中华人民共和国民法典》第六百五十一条规定，供电人应当按照国家规定的供电质量标准和约定安全供电。供电人未按照国家规定的供电质量标准和约定安全供电，造成用电人损失的，应当承担赔偿责任，这就确定了供电人连续供电的义务。与此同时，由于供电人自身或其他原因也不可避免会出现停电现象，在停电情况下，供电人不再继续履行合同标的物——电能的提供，供用电合同的履行处于停滞状态，如果没有合理的中止合同履行的理由或履行法定的通知、说明义务，供电人将面临承担违约损害赔偿的法律风险。

根据现行电力法律法规的规定，主要有下列7种常见停电类型：

（1）因检修、故障或限电而中断供电。包括计划检修停电、临时检修停电、供电系统故障停电、计划停电或限电等。

（2）供电人依法对违章用电或欠费用户中止供电。包括对违反安全用电规定、扰乱供用电秩序、私自转供电、拒不拆除私增用电容量、长期拖欠电费或拒不交付违约使用电费等的停电。

（3）电力运行事故造成的停电。包括非外力造成的供电线路断线、倒杆、绝缘老化击穿、违章操作、误操作等造成的停电。

（4）不可抗力而造成的停电，主要是因自然灾害引起的停电。

（5）行政强制措施停电。供电人依法对窃电者、擅自改变用电类别者、擅自启用暂停或被查封的电力设备等的停电。

（6）用户原因造成的停电。用户用电不当造成自身停电，用户违章用电引起电网故障造成电网停电等。

（7）外力破坏造成的停电。电力设施被人为破坏盗窃，第三者违章行为或意外情况引发的停电等。

二、停电的法律风险

（一）停电通知未到位的法律风险

1. 停电范围不明确的法律风险

依据《供电监管办法》第十三条规定，需要停电或者限电的，应当符合下列规定：

（1）因供电设施计划检修需要停电的，供电企业应当提前7日公告停电区域、停电线路、停电时间。

（2）因供电设施临时检修需要停电的，供电企业应当提前24h公告停电区域、停电线路、停电时间。

依据《供电监管办法》的规定，不仅要求公告停电事项，而且还要公告停电区域、停电线路、停电时间。停电通知是供电人对外通过各类媒体正式发布的停电信息，该信息接收人是广大电力用户。普通用户不具备专业的电力知识，可能不会知晓其所在地域的供电线路，导致部分电力用户无法准确判定停电信息从而因停电造成损失。

2. 停电通知错误的法律风险

停电通知是供电人正式对外文书，一经发布具有一定的公信力，而停电通知错误往往由人为原因造成，供电人对此应承担相应责任。

3. 停电通知未公告到特定区域的法律风险

供电人传统的停电通知模式一般在当地发行量大的报刊上或在政府公开网站上进行公告。随着互联网技术的发展，也有通过App电力客户端、公众号、自媒体发布停电信息的，以上途径都是针对地域范围不特定人群进行公告。依据《浙江省电网设施建设保护和供用电秩序维护条例》第三十二条规定，供电企业应当在用户所在住宅小区或者办公、经营场所和公共媒体公布检修计划、限电等信息。故供电人还需要注意将停电通知公告到停电范围内的特定区域，比如住宅小区、经营办公场所、村民委员会等。

（二）违法类停限电的法律风险

1. 欠费停电的法律风险

《电力供应与使用条例》第三十九条对欠费停电设定了两个条件，即逾期未支付电费超过30天和经催告在合理期限内仍不交付电费。在目前的供用电关系中，普遍采用先供电再付款模式，从电力用户欠费到可以采取停电措施，一般情形下会产生两个月的欠缴电费，有些大型企业，一个月电费上百万元甚至上千万元，一旦欠费供电公司将处于极为不利的局面。为了减少电费损失，有时供电公司会突破逾期未付电费超过30天的规定，如果没有特别情况，供电公司很容易因违规停电承担法律责任。

2. 违章用电停电的法律风险

根据相关法律规定，违章用电只有情节严重的才能够停止供电。目前电力营销实务中，违章用电停电最易产生纠纷之处在于对违章用电情节严重的认定和停电程序。

（1）违章用电界定中的法律风险。由于现行相关法律法规对何为违章用电情节严重没有明确规定，故而在实践中也没有统一具体的标准，因此供用电双方往往对此存在较大争议。一般认为违章用电行为在一定区域造成较为广泛的不良社会影响或行为人有恶劣行为，如隐匿证据、拒不交纳违约金，可认为情节严重。

（2）违反停电程序的法律风险。违章用电，供电公司仍需按照《供电营业规则》相关规定的程序依法停电。关于停电通知，供电公司必须在停电前3～7天内，将停电通知书送达电力用户，对重要电力用户的停电，还应注意要将停电通知书送同级电力管理部门。同时在停电前30min，将停电时间再次通知用户1次，方可在通知规定时间实施停电。

3. 合同约定停限电的法律风险

（1）格式合同条款的法律风险。实践中，供用电合同往往由供电人提供，供电人须防范供用电合同条款被认定为格式条款的风险。格式条款是当事人为了重复使用而预先拟定，并在订立合同时未与对方协商的条款。一旦被认定为格式条款，提供格式条款一方免除其责任、加重对方责任、排除对方主要权利的，该条款无效。对格式条款的理解发生争议时，应当按照通常理解予以解释，对于格式条款有两种以上解释的，应当做出不利于提供格式条款一方的解释。尤其停限电条款属于关乎电力用户切身利益的条款，供电人如若违背民事合同平等协商原则，未就停电条款与用电人进行充分协商，经其同意后在合同中约定并加注特别标志，该条款存在被认定无效的法律风险。

（2）违反法律、行政法规强制性规定的法律风险。供电人在供用电合同约定的停电情形如违反法律、行政法规的强制性规定的，该约定必然无效。比如《中华人民共和国民法典》第五百零六条规定，合同中的下列免责条款无效：①造成对方人身损害的；②因故意或者重大过失造成对方财产损失的。如果供电人在供用电合同中约定的停限电条款有以上情形的，该条款为无效条款。

（3）不安抗辩权行使过程中的法律风险。在供用电合同履行过程中，对于一些失信或欠费的电力用户，供电人多以行使不安抗辩权为由中止供电，但也由此产生了不少纠纷。不安抗辩权指在双务合同中，先履行义务的一方有证据证明另一方当事人有难以给付的情形时，有权中止合同的履行。依据《中华人民共和国民法典》第五百二十七条规定，应当先履行债务的当事人，有确切证据证明对方有下列情形之一的，可以中止履行：①经营状况严重恶化；②转移资产、抽逃资金，以逃避债务；③丧失商业信誉；④有丧失或者可能丧失履行债务的其他情形。

三、停电法律风险防范

（一）准确把握停电的责任主体

根据不同的停电类别，停电的责任主体也各不相同，检修停电、故障停电以及因用户违约、违法而停电的责任主体在于供电公司，因停电而产生的法律责任由供电公司承担。依法限电、协助停电的责任主体在于政府有关部门，对于此两类停电，一旦产生争议，用户一般会依照便利原则首先追诉供电公司，而不会直接起诉政府部门。因此，供电公司应当明确告知用户，限电和协助停电的主体是政府部门，在限电和协助停电过程中，涉及限电和协助停电的所有通知、文书应当以政府部门的名义发布。对于协助停电，供电公司还应当查明要求协助停电的政府部门是否具有行政执法权，如无行政执法权，供电公司应当拒绝协助。

（二）严格按照国家规定的程序实施停电

供电公司实施停电必须严格履行事先通知和公告的义务，事先通知或公告要按照法律法规以及规章规定的方式和时间要求进行，而且通知或公告应当在具有广泛公众基础的媒体发布，尽量保障用户的知情权，让客户尽可能了解停电信息和停电安排，避免客户以供电公司不及时发布停电信息为由，追究供电公司的法律责任。

（三）充分利用供用电合同防范停电法律风险

供电公司与用户之间的关系本质属于合同关系，停电纠纷的核心是当事人的权利、义务问题。根据法律规定，停电法律纠纷属于民事纠纷，而民事纠纷必须遵循约定大于法定的原则，只要供用电合同的约定不违反国家法律强制性规定都是有效的。因此，供电公司要进一步完善供用电合同文本，明确供电企业可以实施停电的各种情形、各种停电情形的通知方式和停电情况下法律责任的分配等，将依法停电与依约停电有机结合。如对于重要用户可以明确约定用电人应自备保安电源或采取非电保安措施，未落实自备保安电源或非电保安措施，供电人因意外情况停电造成用电人损失时，由用电人自行承担责任。

（四）做好停电的证据收集和保全工作

证据收集和保全是防范和妥善处理纠纷的最有效也是最重要的手段。供电企业应加强证据意识，在实际工作中应做好整个停电过程的证据收集和保全工作，法律人员要参与停电法律文书的审查和证据收集，重点做好停电通知、停电公告、用户签收手续以及政府有序用电、协助停电等规范性文件的收集，形成完成的证据链，并对上述证据进行卷宗管理，为可能发生的纠纷做好防范措施。

（五）采用责任保险投保方式转移风险

由于停电容易引发巨额赔偿纠纷，供电企业应当设立停电责任保险制度，为企业转移部分赔偿风险。相对于强制性保险而言，停电责任保险属于商业保险范畴，约定双方即供电企业和保险公司是一种商业交易行为，双方应作详细的经济利弊分析，慎重考虑各自的法律风险签订严谨的保险合同，供电企业要防止保险公司以各种除外条款规避责任。就供电企业来说，保费的缴纳数额应根据每年的基本案例数和赔偿额来考虑，否则，保费的支出大于实际赔偿支出，在经济成本上有失理性，就法律条款的设计，应充分发挥企业法律人员的专业技能，同时可以聘请专业的外部律师协助设计、审查合同，避免法律风险。

[案例 5]

2015 年 8 月，李某从某开发商处购置了一间店面房，并于当月同某供电公司签订了低压供用电合同。2016 年 9 月，李某将店面房转售给王某，房屋买卖合同约定，用电户头无偿过户给王某，过户后产生的电费由王某支付。2017 年 3 月，该店面房用电欠费 12800 元，供电公司将中止供电通知书下达到李某的住所地，并于 2017 年 4 月对该店面房中止供电。王某一纸诉状将供电公司告到法院，同时将李某列为本案第三人，认为供电公司没有通知就停电，违反《中华人民共和国电力法》规定，同时这 12800 元电费中有 8000 元是李某用的，都由自己负担不公平，要求法院判决供电公司恢复供电。后经法院调解，李某同意支付其 2016 年 9 月以前所用电费，王某亦同意支付过户后所用电费，同时王某和李某到供电公司营业场所办理了过户手续，供电公司恢复对该店面房的供电。

问　　题：供电公司是否可以向私自过户的实际用电人王某主张债权，要求其清偿拖欠电费？供电企业中止供电是否合法？是否有通知王某的义务？

法律解析：供电企业与用户之间是供用电合同关系，基于合同相对性原理，合同关系只能发生在特定的当事人之间，只有合同当事人一方能够向另一方基于合同提出要求或提出诉讼，合同当事人无权对第三人主张合同债权，第三人也无任何合同义务和责任。本案供用电合同关系的当事人是供电公司与李某，私自过户的实际用电人王某并非供用电合同当事人，因此，供电公司不能以实际用电人王某拖欠电费为由向其主张债权。当然，如果实际用电人为了避免供电公司依法中止供电催费导致经济损失扩大，自愿以原用电人名义，为原用电人先行交纳所欠电费，然后再向原用电人追讨，或者交纳本来就是自己用电而发生的电费，这属于实际用电人对自己民事权利的自行处置，供电人收取此类电费并不违反合同法及其他相关法律规定。

私自过户的实际用电人并没有会同原用电人到供电公司办理用电过户手续，其用电仍是以原用电人的名义，实际用电人同供电公司无供用电合同关系，在存在拖欠电费的情况下，原用电人仍有按照国家有关规定和合同约定及时交纳电费的义务，经催告，用电人在合理期限内仍不交付电费的，供电公司可以按照规定的程序中止供电。供电公司完全有权依据同原用电人签订的供用电合同约定中止供电。因私自过户并不能导致实际用电人同供电人形成供用电合同关系，供电人对实际用电人也就无告知等合同义务，但对原用电人仍负有合同义务，这是供电公司必须引起重视的。

[案例 6]

某塑料制品厂，经营情况恶化，致使该厂拖欠供电公司电费 100 万元。供电公司多次催费无果，便通知其为拖欠电费和下月电费提供担保，否则中止供电。该厂未予理会，供电公司便依照法定程序予以中止供电。该厂便将供电公司告上法庭，诉称供电公司违约停电，请求判令被告立即恢复供电，并赔偿由停电而引起的损失。

问　　题：塑料制品厂的诉求能否获得法院支持？

法律解析：不安抗辩权是指双务合同中，一方负有先履行的义务，如发现后履行一方有丧失或可能丧失债务履行能力时，有中止合同履行的权利。依据《中华人民共和国民法典》第五百二十七条规定，应当先履行债务的当事人，有确切证据证明对方有下列情形之一的，可以中止履行：①经营状况严重恶化；②转移财产、抽逃资金，以逃避债务；③丧失商业信誉；④有丧失或者可能丧失履行债务能力的其他情形。本案中塑料制品厂，经营情况恶化，拖欠供电公司电费 100 万元。供电公司多次催费无果，该厂未予理会。供电公司可向法院提交供用电合同、塑料制品厂的欠费证据、财务报表和工商局的年审资料以及产品滞销情况资料等，证明该厂出现《中华人民共和国民法典》第五百二十七条规定的情形，经营情况恶化，丧失了偿债能力。

因此，塑料制品厂的诉求不能获得法院支持。

行使不安抗辩权的注意事项：

（1）运用不安抗辩权一定要证据确凿，否则，将面临承担违约责任的风险。

（2）可以先要求提供担保而不中止供电，若拒不提供或不能提供担保再停电。用电人在一定期限内提供了担保就达到了供电人的目的，能不停电尽量不要停，应对信用等级较低的用电人视情况采取这种措施。

（3）采取停电措施一定要慎重操作。如果在供用电合同中没有约定其他中止供电方式和时限，采取停电措施，程序务必符合《供电营业规则》第六十七条之规定，除因故中止供电外，供电企业需对用户停止供电时，应按下列程序办理停电手续：①应将停电的用户、原因、时间报本单位负责人批准。批准权限和程序由省电网经营企业制定。②在停电前 3 ~ 7 天内，将停电通知书送达用户，对重要用户的停电，应将停电通知书报送同级电力管理部门。③在停电前 30min，将停电时间再通知用户 1 次，方可在通知规定时间实施停电。

第四章

电力运维管理法律问题

第一节　电网调度管理

一、电网调度管理概述

（一）电网调度的概念

电网调度是指为保障电网安全、优质、经济运行，对电网运行进行的组织、指挥、指导和协调。电力系统的特点是集中发电和分散用电，电力设备分布于广阔的地域，而发、送、用之间的功率要求严格的瞬时平衡。因此电力系统的运行需要一个和电能传输、分配系统相平行的信息采集、传输和处理系统，以实现正常的调整和安全、经济的控制。

电网调度运行的任务是组织、指挥、指导和协调电网的运行，保证实现下列基本要求：①充分发挥本网内发、供电设备能力，有计划地满足本电网的用电需要；②使本电网按照有关规定连续、稳定、正常运行，保证供电可靠性；③使本电网供电的质量（频率、电压、谐波分量等）指标符合国家规定的标准；④根据本电网的实际情况，充分合理利用一次能源，使全网在供电成本最低或者发电能源消耗率及网损率最小的条件下运行；⑤按照有关合同或者协议，保护发电、供电、用电等各方面的合法权益。

（二）调度运行的法律依据和重要术语

1．法律依据

电网调度运行管理的主要法律依据是《中华人民共和国电力法》和《电网调度管理条例》。《中华人民共和国电力法》规定了电网调度运行的基本原则是“统一调度、分级管理”。统一调度要求一个电网内所有发供电单位都要严格按照规定并在调度的统一指挥下进行生产；分级管理即合理界定各级调度职责，恰当分解调度任务，形成不同层级的调度机构。统一调度和分级管理是一个有机的整体，分级管理是统一调度下的分级管理，统一调度则通过分级管理具体实施。《电网调度管理条例》从调度系统、调度计划、调度规则、调度指令、并网与调度、罚则等方面，对调度管理做出详细规定。此外电网管理部门事先制定管理要求、操作规程等，也对调度人员具有规范约束力。

2. 调度运行中的重要术语

（1）调度指令。调度指令是电力调度机构值班人员为了维护电网安全、优质、经济运行，根据电网实际运行情况，对其下级调控机构值班调度员、相关调控的机构值班监控员、厂站运行值班人员及输变电设备运维人员发布的有关运行和操作的指令。在调度指令下达和执行的过程中，因主观过错等原因，可能造成电网事故，给供电公司带来不利的法律后果。

（2）拉闸限电。当电力供应和用电负荷平衡时，电网有一个平稳频率；当电力供应不能满足用电负荷时，频率将呈下降趋势。在低频率下建立的电网平衡稳定性较差，容易产生频率崩溃，会严重威胁到电网的安全运行，从而给电网设备和用户造成重大损失。因此，为确保电网的安全稳定运行，在确保城乡居民生活用电前提下，当电网电力供应不能满足用电负荷需要时，根据电网的承受状况及负荷实际情况，必须采取拉闸、限电措施。电力调度机构拉闸限电必须按照电网管理部门事先制定的超计划用电限电及事故拉闸序位表以及其他相关操作规定执行。

（3）并网调度协议。依据《中华人民共和国电力法》第二十二条规定，国家提倡电力生产企业与电网、电网与电网并网运行。具有独立法人资格的电力生产企业要求将生产的电力并网运行的，电网经营企业应当接受。并网运行必须符合国家标准或者电力行业标准。并网双方应当按照统一调度、分级管理和平等互利、协商一致的原则，签订并网协议，确定双方的权利和义务；并网双方达不成协议的，由省级以上电力管理部门协调决定。

并网协议是供电公司与并网发电企业之间，明确双方当事人在并网调度运行活动中相关权利义务关系的协议。任何发电人并入电网运行，都必须与供电公司签订并网调度协议。

《并网调度协议（示范文本）》（GF-2003-0512）对并网调度协议的文本内容进行了示范性规定。依据该规定，并网调度协议的内容应包括双方义务、并网条件、并网申请及受理、调试期的并网调度、调度运行、发电计划、设备检修、继电保护及安全自动装置、调度自动化、调度通信、事故处理与调查、违约责任等。

并网调度协议与一般的合同有很大区别。首先，并网调度协议的签订主体一方必须是经营发电业务的法人单位，另一方必须是经营输配电业务的供电公司。认定是否具有签订并网调度协议的主体资格，一是要看其是否具有企业法人营业执照；二是看其是否持有电力监管部门颁发的业务许可证。其次，并网调度协议的内容十分特殊，体现在双方权利与义务表现为双方行为上的作为或不作为，而非具体的物；技术条款比较多，具有很强的专业性；不完全遵守契约自由原则，双方在权利义务设定上的自治程度较低，大多数权利义务条款是法律、法规等规范性法律文件的要求，双方自由约定的空间非常有限。再次，并网调度协议是没有数量、没有价款等商务条款的协议。其核心内容是双方权利义务和违约责任的约定，其履行必须与双方签订的购售电合同相配合，购售电合同中相关条款的执行也必须依靠并网调度协议的支持。最后，并网调度协议的订立过程具有特殊性。依据《中华人民共和国电力法》的规定，电网经营企业应当接收具有独立法人资格的电力生产企业提出的电力并网要求，双方达不成协议的，由省级以上电力管理部门协调决定。依据《电力监管条例》第二十六条规定，发电厂与电网并网、电网与电网互联，并网双方或者互联双方达不成协议，影响电力交易正常运行的，电力监管机构应当进行协调；经协调仍达不成协议的，由电力监管机构作出裁决。可见，并网调度协议的签订并非完全依靠自愿，在无法达成一致的情况下，直接由行政干预签订。

（4）新能源消纳。随着我国可再生能源的开发、利用，消纳可再生能源成为调度运行的新任务。近年来，能源和环境问题越发成为制约世界各国经济和社会可持续发展的关键因素。以风电、太阳能、生物能为代表的新能源电力因其良好的环保和节能效益受到越来越多的关注。但新能源的间歇性和强随机波动性，以及我国“富煤、贫油、少气”的电源结构布局决定了电网必须提高消纳新能源的能力。

二、电网调度系统与计划

（一）电网调度系统

电网调度系统是指，指挥、监督和管理电力生产运行的调度系统。其领导电网系统内发电、输电、变电、配电及供电部门安全、经济运行，向用户不间断地提供优质电能；在事故情况下，采取措施，迅速排除事故，及时恢复至正常运行状态。根据《电网调度管理条例》的相关规定，调度系统包括各级调度机构和电网内的发电厂、变电站的运行值班单位。下级调度机构必须服从上级调度机构的调度。调度机构调度管辖范围内的发电厂、变电站的运行值班单位，必须服从该级调度机构的调度。

我国现行调度机构分为国家调度机构，跨省、自治区、直辖市调度机构，省、自治区、直辖市级调度机构，省辖市级调度机构，县级调度机构。

（1）指令权。指令权是电网调度机构单方面的行为，不需要取得相对人的同意，指令的效力是相对人必须执行和遵守的义务，如违反或不执行指令，有可能要承担一定法律责任，且被要求强制执行。因此，调度指令具有强制性。

（2）调度计划的制定权。这是一种落实国家发、供电计划的实施权，是将具有法律约束的国家发、供、用电计划具体落实到月、日，由调度计划来具体实施的权力。

（3）紧急情况的处置权。为保证电网安全，保障社会公共利益，在发生危及人身及设备安全和电网事故的紧急情况时，调度机构值班人员可按照有关规定处理。紧急情况的处理权是电网调度机构具有的一种特殊权力。

（4）电力调度计划的变更权。电网调度机构在电网出现特殊情况时，变更日调度计划的一种权力。但该权力的行使受到严格限制，只能在特殊情况下行使。

（5）监督权。上级调度机构监督下级调度机构的调度管理工作。

（6）处罚权。调度机构对于超计划用电的用户应当予以警告；经警告，仍未按照计划用电的，调度机构可以发布限电指令，并可以强行扣还电力、电量；当超计划用电威胁电网安全运行时，调度机构可以部分或者全部暂时停止供电。

调度系统值班人员须经培训、考核并取得合格证书方得上岗。调度系统值班人员的培训、考核办法由国务院电力行政主管部门制定。电网调度员应具备的基本职业要求包括：

（1）掌握关于电力系统安全稳定的基本概念、原理，熟悉《电力系统安全稳定导则》。

（2）熟悉电网的网架特点、稳定特性以及年度电网薄弱环节；熟悉年度运行方式报告，掌握年度运行方式特点。

（3）熟悉电网调度运行规则，包括 $N-1$ 原则、静态安全分析、动态安全分析、系统振荡（负阻尼低频振荡、强迫功率振荡、次同步振荡）、长过程稳定性分析等。

（4）调度员要牢记电网安全稳定控制系统以及解列装置的配置情况，了解事故后振荡中心位置。

（5）除以上内容外，调度员还需要重点掌握电网传输极限、电网稳定特性及应对措施、连锁故障、新设备新装置对系统稳定性的影响、各级调度之间的协调、调度员对在线安全评估等内容。

（二）调度计划

依据《电网调度管理条例》规定，跨省电网管理部门和省级电网管理部门应当编制发电、供电计划，并将发电、供电计划报送国务院电力行政主管部门备案。调度机构应当编制下达发电、供电调度计划。该计划是保障电网高效、经济、安全运行的重要保证，也是调度管理的执行准则。值班调度人员可以按照有关规定，根据电网运行情况，调整日发电、供电调度计划。值班调度人员调整日发电、供电调度计划时，必须填写调度值班日志。跨省电网管理部门和省级电网管理部门编制发电、供电计划，调度机构编制发电、供电调度计划时，应当根据国家下达的计划、有关的供电协议和并网协议、电网的设备能力，并留有备用容量。对具有综合效益的水电厂（站）的水库，应当根据批准的水电厂（站）的设计文件，并考虑防洪、灌溉、发电、环保、航运等要求，合理运用水库蓄水。跨省电网管理部门和省级电网管理部门遇有下列情形之一，需要调整发电、供电计划时，应当通知有关地方人民政府的有关部门：

（1）大中型水电厂（站）入库水量不足。

（2）火电厂的燃料短缺。

（3）其他需要调整发电、供电计划的情形。

三、电网调度规则与指令

电网是一个有机的整体，而电网内交流电能的生产、输送与使用总量又随时在变化，但在任何瞬间又都必须保持平衡，这样才能确保电能质量指标符合国家规定的标准，所以，现代电网作为一个庞大的产、供、销电能的整体是电力发展的必然结果。基于电力生产、发、供、用同时完成且瞬时平衡的规律及电网对电力产品和用户实行零库存销售的特点，就需要对电网系统进行严格的管理，尤其是对电网的突然事故，应能正确、迅速地处理，并要尽快恢复供电。只有在统一指挥下才能正确迅速消除故障，保持电网正常运行。因此，电网安全稳定运行的前提就是电网中的每一环节都必须在调度机构的统一领导下，随用电负荷的变化而协调运行。调度规则与指令扮演着极为重要的角色。

调度机构必须执行国家下达的供电计划，不得克扣电力、电量，并保证供电质量。作为电网运行和操作的指挥人员，各级电力调度机构的值班调度员，应当按照规定的调度管辖权范围严格行使调度权。所谓“严格行使”的基本要求是“必须按照规定”。所谓“必须”是指一定要按照规定情形与条件发布与电网安全、经济、优质运行相适应的指令，不能有任何变通、变相或不完全的作为。

省级电网管理部门、省辖市级电网管理部门、县级电网管理部门应当根据本级人民政府的生产调度部门的要求、用户的特点和电网安全运行的需要，提出事故及超计划用电的限电序位表，经本级人民政府的生产调度部门审核，报本级人民政府批准后，由调度机构执行。调度指令具有权威性。发电厂必须按照调度机构下达的调度计划和规定的电压范围运行，并根据调度指令调整功率和电压。发电、供电设备的检修，应当服从调度机构的统一安排。

依据《电网调度管理条例》的相关规定，下级调度机构必须服从上级调度机构的调度；调度机构管辖范围内的发电厂、变电站的运行值班单位，必须服从该级调度机构的调度。并网运行的发电厂或者电网，必须服从调度机构的统一调度。下级调度机构的值班调度员、发电厂值班长、变电站值班长在电网调度业务方面受上级调度机构值班调度员的指挥，接受上级调度机构值班调度员的调度指令。

电网调度系统值班人员必须严格执行调度指令。在执行调度指令过程中或者值班人员接到上级调度机构值班调度人员发布的调度指令时，认为执行调度指令会危及人身及设备安全的，应立即向发布调度指令的值班调度人员报告，由发布指令的值班调度人员决定调度指令的执行或撤销。“必须执行”和“应当立即报告”是指接到指令的调度系统值班人员应当履行的法定义务和责任。必须执行调度指令是前提，认为执行调度指令会危及人身设备安全，应当立即报告是必须执行的例外规定。

依据《电网调度管理条例》规定，出现紧急状况时，值班调度人员可以调整日发电、供电调度计划，发布限电、调整发电厂功率、开或者停发电机组等指令；可以向本电网内的发电厂、变电站的运行值班单位发布调度指令。紧急状况包括以下几种：

（1）发电、供电设备发生重大事故或者电网发生事故。

（2）电网频率或者电压超过规定范围。

（3）输变电设备负载超过规定值。

（4）主干线路功率值超过规定的稳定限额。

（5）其他威胁电网安全运行的紧急情况。

这意味着，当发生上述紧急情况时，值班调度员依规定拉闸、限电属于正当调度行为，受到法律保护。相反，在不满足拉闸、限电条件时，因擅自拉闸限电导致用户财产、电网设备损失的，供电公司和责任人员应当承担相应责任。

拉闸限电作为电网调度的特殊指令，有着严格的使用条件。电力调度机构采取的拉闸、限电行为必须依照经电网管理部门制定并经本级政府的生产电力调度机构审核批准的超计划限电和事故拉闸序位表进行拉限负荷。超计划限电时，应依据电力供应和用电负荷之间的缺额，正确按照规定的轮次顺序进行操作，拉完前一轮次才可以进行后一轮次，尽量不多限电。在事故紧急处理时，准确判断事故类型和性质，以尽可能少的负荷损失为代价来尽快消除电网故障，使电网尽快恢复正常运行。

未经值班调度人员许可，任何人不得操作调度机构调度管辖范围内的设备。电网运行遇有危及人身及设备安全的情况时，发电厂、变电站的运行值班单位的值班人员可以按照有关规定处理，处理后应当立即报告有关调度机构的值班人员。

电网管理部门的负责人，调度机构的负责人以及发电厂、变电站的负责人，对上级调度机构的值班人员发布的调度指令有不同意见时，可以向上级电网电力行政主管部门或者上级调度机构提出，但是在其未做出答复前，调度系统的值班人员必须按照上级调度机构的值班人员发布的调度指令执行。

任何单位和个人不得违法干预调度系统的值班人员发布或者执行调度指令；调度系统的值班人员依法执行公务，有权拒绝各种非法干预。为防范不当拉闸限电带来的法律后果，电网调度机构应根据调度管辖范围内经济、社会发展与电网实际，定期修订超计划限电和事故拉闸序位表，并务必报请地方政府批准。

超计划限电和事故拉闸序位表是调度机构实施拉闸、限电行为的重要依据。要使调度机构的行为和实际相符，调度机构必须根据实际情况制定超计划限电和事故拉闸序位表，并结合实际变化定期进行修订要保证拉闸、限电措施及行为的规范性、权威性，该表必须按规定报请政府部门批准后方可实施。

四、电网调度法律责任

（一）调度机构人员的法律责任

调度机构人员需按时制定电力调度与检修计划，服从上级调度机构指令，严格执行调度安排，并及时、准确地反映电网运行状况。当调度机构工作人员有下列行为，尚不构成犯罪的，应给予行政处分：

（1）未经上级调度机构许可，不按照上级调度机构下达的发电、供电调度计划执行的。

（2）不执行有关调度机构批准的检修计划的。

（3）不执行调度指令和调度机构下达的保证电网安全的措施的。

（4）不如实反映电网运行情况的。

（5）不如实反映执行调度指令情况的。

（6）调度系统的值班人员玩忽职守、徇私舞弊，尚不构成犯罪的。

构成违反治安管理行为的，依照《中华人民共和国治安管理处罚法》的有关规定给予处罚；构成犯罪的，依法追究刑事责任。

（二）用户的法律责任

用户应严格按计划用电，不得超负荷用电和以不正当手段影响电网运行。调度机构对于超计划用电的用户应当予以警告；经警告，仍未按照计划用电的，调度机构可以发布限电指令，并可以强行扣还电力、电量；当超计划用电威胁电网安全运行时，调度机构可以部分或者全部暂时停止供电。用户如构成违反治安管理行为的，依照《中华人民共和国治安管理处罚法》的有关规定给予处罚；构成犯罪的，依法追究刑事责任。

第二节 电力安全生产

一、“两票三制”

电力系统运行中，由于环节多、运行过程复杂，在多种因素共同影响之下，难免会发生不同情形的电力事故及运行故障，进而引发一系列危及人身、财产安全的严重后果。建立健全电力安全生产制度，加强工作人员安全教育，对电力企业的日常运营来说，有着极为重要的作用。“两票三制”是电力行业安全生产保证体系中最基本的制度之一。其中“两票”指变电站工作票和操作票，“三制”指交接班制度、设备巡回检查制度和设备定期试验轮换制度。

“两票三制”是我国电力行业多年运行实践中总结出来的经验，对任何人为责任事故的分析，均可以在其“两票三制”的执行上找到原因。

为把安全方针落到实处，提高预防事故能力，杜绝人为责任事故，杜绝恶性误操作事故，“两票三制”必须严格执行，并应注意以下几点：

（1）加大操作票的执行与管理。操作票是根据操作命令完成指定操作任务的具体依据。但有的人在操作中对操作任务不明确，专业技术水平薄弱，对操作不熟练，未严格执行操作票，常常导致误操作的发生。因此应加强对电气操作、热机操作的管理，使操作标准化。重视操作的分工及技能培训，严格执行操作票制度。操作前对操作票进行仔细审核，操作内容必须明确、具体，操作中分清监护人与操作人的职责，让操作熟练的人员依据操作票按顺序进行，执行好监护制度。

（2）严格工作票管理，杜绝无票作业。工作票审批程序切不可走过场，应付了事。有些人工作时图省事不开工作票，特别是一些不需要运行人员做措施的涉及人工方面的工作，往往就因为无票作业，缺少了审批、许可手续，最终酿成事故。作为运行人员在工作票许可手续上要严格把关，杜绝无票作业。

（3）认真执行交接班制度。接班人员应达到掌握设备运行状态后方可接班，这就要求接班人员重视设备巡检，认真查阅各种记录以及详细掌握休班期间发生的各类事件的原因、过程及防范措施。同时交接班时的签字、交接仪式是使接班人员在思想上立即投入到工作状态的有效过程，这并非走形式。交班会一定要对本班工作及时总结、分析，注意时效性，这将有利于提高运行的工作质量。

（4）提高运行人员监盘、巡检质量，加强培养运行人员及时发现问题的能力。运行人员对参数变化要有分析对比，对设备运行状态要心中有数，否则就会失去抄表、监视画面、巡检设备的意义。

（5）定期试验及轮换制度是“两票三制”中不应忽视的一项工作，是运行人员检验运行及备用设备是否处于良好状态的重要手段。无备用设备就意味着缺少一种运行方式，安全运行就失去了一道保障，所以对备用的设备应视同运行设备，积极联系处理缺陷，使之处于良好的备用状态，否则一旦运行设备发生故障，在无备用或少备用设备的情况下，运行人员处理事故时调节余地小，往往会导致事故扩大。

二、变电运维中的人身安全保障

运维人员工作时，如果未严格审核操作票、看错操作票指示或者因粗心大意对与指示不一致的电力开关进行了操作，特别是针对高压设备的场合，有可能会引发高压人身触电事故，造成人身触电伤亡。因这类事故发生在运维人员执行工作任务时，依据《中华人民共和国劳动法》《中华人民共和国劳动合同法》《工伤保险条例》，供电公司对于受损员工，将承担赔付责任。

在变电检修施工作业中，检修人员必须携带和使用各种安全工作器具进行操作。如检修人员在操作中使用安全工器具不当，或粗心大意、业务能力不足而误碰带电设备，或检修中未设置警示标志、安全隔离措施等，导致人身触电伤亡，因这类事故发生在检修人员执行职务期间，如果检修人员属于供电公司的员工，在检修工作中受到人身伤害后，供电公司可能需要承担一定的工伤赔付责任。

变电检修工作中，有时会使用到汽油或动火。如未注意带电距离、周边有易燃易爆品及灭火器备置不力引发火灾，不仅造成检修人员人身伤亡，还会给电力设备带来严重损害，造成大面积停电。在这种情况下，供电公司不仅对内面临相应的工伤损害赔偿，对外还要因违反供用电合同或侵权承担违约或损害赔偿责任。为预防明火作业的法律风险，供电公司应做好防火工作。在使用汽油或动火进行检修施工作业的场合，运维人员要提前开好动火工作票，注意带电距离，远离易燃易爆品，备好灭火器等，预防电气火灾的发生。

在检修过程中，如果检修人员未正确佩戴登高防护用品或者上下移动时未抓牢站稳，以及登高作业时的梯子不合格或未扶稳，发生高空坠落事故，造成检修人员人身伤亡的，供电公司需面临一定的工伤赔偿风险。

在变电检修作业中，需要使用很多检修器械。在登高作业时，这些器械往往通过从下往上的传递，如果传递不稳，或者高处器械放置不稳，又或者被检修人员无意间碰落，砸中地面人员，会损害地面人员的身体健康。如果该受损人员属于电网员工，供电公司将面临相应的工伤赔偿；如果该受损人员属于其他无关的第三人，供电公司将承担相应的侵权责任。

依据《中华人民共和国民法典》第一千二百四十条，从事高空、高压、地下挖掘活动或者使用高速轨道运输工具造成他人损害的，经营者应当承担侵权责任；但是，能够证明损害是因受害人故意或不可抗力造成的，不承担责任。被侵权人对损害的发生有重大过失的，可以减轻经营者的责任。

按规操作是确保设备和人身安全的基础。供电公司要加强对施工工人、劳务分包工安全规程的教育，认真贯彻执行安全生产法，扎实开展安全学习培训活动，增强安全教育培训的效果，提高施工工人安全生产的整体素质。

三、变电运维中的财产安全保障

变电运维误操作可能导致停电，也可能伴随着设备损害，电力设备故障等问题出现。现实生活中，这种停电对于用户，特别是从事工农生产的用户而言，往往是突发性的。依据《电力供应与使用条例》第四十二条和第四十三条的规定，如果这种突发性停电给用户或第三人造成损害的，供电公司可能因违反供用电合同或侵权行为承担违约或损害赔偿责任。

变电运维原因导致的故障是供电企业运营风险的来源之一。从故障的起因来分，变电运维故障原因可分为自然原因和人为原因两类。

（一）自然原因导致的变电设备运行故障

依据《供电营业规则》第六十六条规定，在发供电系统正常情况下，供电公司应连续向用户供应电力，但是，在不可抗力和紧急避险的情形下，可不经批准即中止供电。

依据《中华人民共和国民法典》总则编第一百八十条第二款的规定，不可抗力是指不能预见、不能避免且不能克服的客观情况。构成不可抗力必须具备两个要件：①不可预见的偶然性；②不可控制的客观性。

不可抗力所指的事件必须是当事人在开展民事行为时不可预见的事件，它的发生纯属偶然。当然，这种预料之外的偶然事件，并非当事人完全不能想象的事件，有些偶然事件并非当事人完全不能预见。但是由于它出现的概率极小，而被当事人忽略不计，把它排除在正常情况之外，但结果这种偶然事件真的出现了，这类事件仍然属于不可预见的事件。在正常情况下，判断其能否预见到某一事件的发生有两个不同的标准：

（1）客观标准，即在某种具体情况下，一般理智正常的人能够预见到的，该当事人就应当预见到。如果对该种事件的预见需要一定的专门知识，那么只要具有这种专业知识的一般正常水平的人所能预见到的事件则当事人就应当预见。

（2）主观标准，就是在某种具体情况下，根据行为人的主观条件，如当事人的年龄、发育状况、知识水平、职业状况、受教育程度以及综合能力等因素来判断当事人是否应该预见到。

不可控制的客观性强调，不可抗力事件必须是该事件的发生是因为债务人不可控制的客观原因所导致的，债务人对事件的发生在主观上既无故意，也无过失，主观上也不能阻止它发生。债务人对于非因为可归责于自己的原因而产生的事件，如果能够通过主观努力克服它，就必须努力去做，否则就不足以免除其债务。

对于那些非主观且不能预见、不能克服的自然现象，若阻碍了公民履行合同之中所规定的义务，当对方要求其赔偿损失时，是不能承担责任的，当然，称是由于不可抗力造成的，需要承担举证责任。

变电运维工作，不可避免会受到外部环境因素的影响。很多时候这些外部因素具有不可预见性和突发性。变电设备易受到这类因素的影响，引发一系列隐患风险。例如雷雨天气中，变电设施经常会受到雷击影响而出现设备接地问题。在潮湿的环境中，变电设备极易发生故障，无法正常运行。对于因自然因素引发的变电设施运行故障，如该运行故障引发供电中断或起火烧毁他人财产，应属于不可抗力。依据《中华人民共和国民法典》相关规定，可不承担侵权责任。

（二）人为原因导致的电力设施运行故障

依据《中华人民共和国电力法》第十八条、第十九条、第六十条规定，电网运行应当遵循安全、优质、经济的原则。电网运行应当连续、稳定，保证供电可靠性。电力企业应当加强安全生产管理，坚持安全第一、预防为主的方针，应当对电力设施定期进行检修和维护，保证其正常运行。因电力运行事故给用户或者第三人造成损害的，电力企业应当依法承担赔偿责任。

为保障变电设施顺利安全运行，需要运维人员定期或不定期对电力设备进行巡视和检查，以及时发现老化或缺陷设备，予以修理、更换，消除安全隐患。但实际工作中，一些变电设施的运行故障，如设备接地、线路短路等情形，是因变电运维人员未及时发现，记录或上报设备缺陷导致的。

如因变电运维人员的维护不力放任缺陷设备运行，损害电网运行安全，给用户或第三人造成财产损失，电力企业将因过错对受损人承担损害赔偿责任。如运维人员人身触电伤亡，电力企业也需承担法律责任。

四、生态环境保护

生态环境保护是可持续发展和追求美好生活的重要底线。党的十八大以来，国家提出了最严格的生态保护法律观，要求在生态环境领域实行最严格的制度，最严密的法治，为生态文明建设提供可靠保障。电力是最重要的基础设施之一，电网运行也会对环境有一定影响。供电公司必须在法律法规框架内，做好电网运行的环境评估，将电网对环境的影响控制到现行技术要求的范围内。

（一）预防变电设备漏气漏油

1. 预防有毒气体泄漏

根据《电力安全工作规程—发电厂与变电站电气部分》（GB 26860—2011）的规定，电气设备内充装的六氟化硫气体不应向大气排放，应采取净化装置回收，经处理检测合格后方可再使用。

依据《中华人民共和国电力法》第五条规定，电力建设、生产、供应和使用应当依法保护环境，采用新技术，减少有害物质排放防治污染和其他公害。依据《中华人民共和国环境保护法》第六条规定，供电公司应当防止、减少环境污染和生态破坏，对所造成的损害依法承担责任。

变压器、断路器及组合电器等多种高压变电站设备，会使用到绝缘性能好、化学性质稳定的气体，一般使用的是六氟化硫，虽然该气体在常压下无色、无味、无毒，但在生产该气体时，会伴有多种有毒气体产生，并可能混入产品中。此外六氟化硫气体在电气设备中经电晕、火花及电弧放电作用，还会产生多种有毒、腐蚀性气体及固体分解物，一旦发生气体排放或泄漏情况，会直接污染周边的大气环境，给供电公司带来环境治理责任。变电设备大多安置在密闭房间内，如果发生六氟化硫气体泄漏，运维人员进入房间巡视设备时，因六氟化硫含量超标、对室内通风后未检测氧气含量、未佩戴防毒面具，可能导致中毒窒息，损害运维人员的身体健康和生命安全，供电公司也要承担相应的赔付责任。

2. 预防变电设备漏油

依据《电力变压器运行规程》（DL/T 572—2010）的规定，安装油浸式电力变压器的场所应按有关设计规程规定设置消防设施和事故储油设施，并保持完好状态。

变压器日常巡视检查时应确认变压器的油温和温度计正常，储油柜的油位与温度相对应，各部位无渗油、漏油；气体继电器内无气体；装有储油柜的变压器，带电前排尽套管升高座、散热器及净油器等上部的残留空气。强油循环变压器，应开启油泵，使油循环一段时间后将气排尽。开泵时变压器各侧绕组均应接地，防止油流静电危及操作人员的安全。变压器在运行情况下，应能安全地查看储油柜和套管油位、顶层油温、气体继电器，以及能安全取气样等，必要时应装设固定梯子。

变压器中的绝缘油，在故障或检修时，发生泄漏，将对环境造成较大影响，给供电公司带来环境治理责任。如果遇到高温或明火，还有可能引起火灾或爆炸，给周边居民的人身财产安全带来威胁，供电公司也将承担人身及财产损害赔偿责任。

（二）预防噪声及电磁污染

1. 控制变电设备噪声

依据《中华人民共和国环境噪声污染防治法》第四十四条和第五十九条规定，供电公司在经营活动中使用空调器、冷却塔等可能产生环境噪声污染的设备、设施的，其经营管理者应当采取措施，使其边界噪声不超过国家规定的环境噪声排放标准。超过排放标准造成环境噪声污染的，由县级以上地方人民政府生态环境主管部门责令改正，可以并处罚款。

依据《声环境质量标准》（GB 3096—2008）相关规定，乡村区域一般不划分声环境功能区，根据环境管理的需要，县级以上人民政府环境保护行政主管部门可按以下要求确定乡村区域适用的声环境质量要求，即村庄原则上执行 1 类声环境功能的要求，工业活动较多的村以及有交通干线经过的村庄可局部或全部执行 2 类声环境功能区要求。1 类环境噪声限值昼间 55dB、夜间 45dB，2 类环境噪声限值昼间 60dB、夜间 50dB。

如果变电站的噪声超出国家规定的排放标准，给周边的生态环境造成损害，给周边居民的正常生活造成影响，供电公司可能承担一定的侵权责任，并且可能会被相关行政部分处以一定的行政处罚。此外，依据《中华人民共和国民法典》的规定，供电公司也需对造成人身或财产损害的周边居民或企事业单位承担侵权赔偿责任。

供电公司有义务选用低噪声设备，采取消音、减震、隔声等噪声控制措施，严格控制变压器、电抗器等主要声音源的噪声水平，使其符合《声环境质量标准》（GB 3096—2008）中相关规定。而且，在变电站运行期间，要时刻监测变电设备噪声的排放情况，确保其始终处于国家标准的限度内。

2. 做好电磁环境普法宣传

依据《中华人民共和国环境保护法》第四十二条、第六十条和第六十四条规定，供电公司应当采取措施，防治在生产建设或者其他活动中产生的废气、废水、废渣、医疗废物、粉尘、恶臭气体、放射性物质及噪声、振动、光辐射、电磁辐射等对环境的污染和危害。超过污染物排放标准或者超过重点污染物排放总量控制指标排放污染物的，县级以上人民政府环境保护主管部门可以责令其采取限制生产、停业整治等措施；情节严重的，报有批准权的人民政府批准，责令停业关闭。因污染环境和破坏生态造成损害的，应当依照《中华人民共和国民法典》的有关规定承担侵权责任。

变电站运行过程中，时常出现周边居民投诉电磁环境影响其身体健康的情况，有些甚至会引发诉讼，使供电公司不得不承担这方面纠纷的诉累。现实生活中，发生电磁环境投诉或起诉案件，主要原因是周边居民不了解变电站电磁环境相关知识，对电磁环境本身存在恐惧心理。因此，供电公司应做好电磁环境的普法宣传，加强与变电站周边群众的沟通交流，用通俗易懂的语言或图解等形式阐明电磁环境的原理以及现有法律法规的相关规定，使人们科学地认识电磁环境问题，消除对输变电设施高强辐射的误解。

电磁作为一种客观存在的物理现象，对人体健康是否产生危害及危害后果大小，目前尚具有不确定性，科学上亦未形成统一的认知。因此，现时仍需以国家现行的标准作为评判依据。一般社会公众如果仅凭各自利益需求而坚持采纳对己有利的意见，显然是有失偏颇。

第三节 电力设施保护

一、电力设施的概念和性质

电力设施是指一切发电、变电、输电配电设施的总称。凡是发电厂、变电站区域内的发电设施、变电设施、输电设施以及厂、站区域外的供电、输电设施和辅助设施等，都属于电力设施，既包括已经建成和投运的电力设施，也包括正在建设中的电力设施。

电力设施是社会公共基础设施，渗透到社会生活的方方面面，是国民经济的重要基础之一。在现代社会中，经济越发展，对基础设施的要求越高；完善的基础设施对加速社会经济活动，促进其空间分布形态演变起着巨大的推动作用。建立完善的基础设施往往需较长时间和巨额投资。电力设施一旦遭到破坏，会给社会带来不可估量的损失。所以，国家为保障社会公共安全，维护正常的管理秩序，把电力设施从一般财产上升到国家公共安全的高度加以特殊保护，超出了一般财产的范畴。

电力设施具有潜在危险性、分布广泛性、损失扩大性等特点。潜在危险性是指，电能是一种看不见、摸不着、闻不到的能源，作为生产、传输电能的电力设施有潜在危险因素，不当接近和接触会造成人身和财产损失。分布广泛性是指电力设施遍布城乡，点多、线长、面广，会与其他设施发生相互妨碍，裸露野外，也极易遭到盗窃、破坏和过失损害。损失扩大性是指，电力是各行各业的动力，如果动力供应中断，国家经济各项活动均会瘫痪。破坏电力设施，会导致大于电力设施本身几倍、十几倍、甚至几十倍的经济损失。

二、电力设施保护法律关系

（一）电力设施保护法律关系的概念

电力设施保护法律关系是指根据《中华人民共和国电力法》《电力设施保护条例》等一系列相关法律法规所调整，人们在维护电力设施安全，处理电力设施与其他设施互相妨碍和打击危害电力设施违法行为过程中所形成的权利义务关系。它涉及的关系包括国家各管理部门之间因保护电力设施而发生的关系；各级人民政府之间因保护电力设施而发生的关系；各级人民政府、政府各管理部门、电力企业、其他企业、公司、公民之间因保护电力设施而发生的关系。因此，电力设施保护法律关系非常广泛。

（二）电力设施保护法律关系的构成要件

法律关系的基本构成要件为主体、客体、内容，电力设施保护法律关系也不例外。

1. 电力设施保护法律关系的主体

电力设施保护法律关系的主体是指电力设施保护活动中，行使权利、履行义务的当事人，包括各级人民政府、电力管理部门、公安部门、电力企业、人民群众。

（1）人民政府。地方人民政府对本行政辖区内的事务负组织、领导和管理职责，是电力设施保护的重要主体。依据《中华人民共和国电力法》第六十九条规定，在依法划定的电力设施保护区内修建建筑物、构筑物或者种植植物、堆放物品，危及电力设施安全的，由当地人民政府责令强制拆除、砍伐或者清除。

（2）电力管理部门。电力管理部门是执行《中华人民共和国电力法》，实施电力建设，生产、供应、管理、保护的主管部门，保护电力设施的安全是其法定职责。法律赋予其保护电力设施安全的行政审批权和执法权。依据《电力设施保护条例》的相关规定，国务院电力管理部门对电力设施的保护负责监督、检查、指导和协调。县以上地方各级电力管理部门负责监督、检查本条例及根据本条例制定的规章的贯彻执行；开展保护电力设施的宣传教育工作；会同有关部门及沿电力线路各单位，建立群众护线组织并健全责任制；会同当地公安部门，负责所辖地区电力设施的安全保卫工作。

（3）公安部门。公安部门属于行政执法机关，又是刑事侦查机关。在电力设施保护中，各级公安部门负责依法查处破坏电力设施或哄抢、盗窃电力设施器材的案件，处罚违法人员和追查构成犯罪的嫌疑人，同时督促有关组织加强防范措施。

（4）电力企业。电力企业是电力设施的管理者、使用者，是负责电力生产、供应、输送的重要主体，也负有对电力设施进行维护、检修、保护的义务。同时，电力企业亦享有排除妨碍电力设施保护行为、干扰物的权利。依据《电力设施保护条例实施细则》的相关规定，电力企业对已划定的电力设施保护区域内新种植或自然生长的可能危及电力设施安全的树木、竹子，应当予以砍伐，并不予支付林木补偿费、林地补偿费、植被恢复费等任何费用。

（5）人民群众。广大人民群众负有保护电力设施安全的一般义务。加入群众护电组织的成员还负有主动保护的积极义务。依据《电力设施保护条例实施细则》的相关规定，电力管理部门、公安部门、电力企业和人民群众都有保护电力设施的义务，各级地方人民政府设立的由同级人民政府所属有关部门和电力企业（包括电网经营企业、供电企业、发电企业）负责人组成的电力设施保护领导小组，负责领导所辖行政区域内电力设施的保护工作，其办事机构设在相应的电网经营企业，负责电力设施保护的日常工作。电力设施保护领导小组，应当在有关电力线路沿线组织群众护线，群众护线组织成员由相应的电力设施保护领导小组发给护线证件。各省（自治区、直辖市）电力管理部门可制定办法，规定群众护线组织形式、权利、义务、责任等。

2. 电力设施保护法律关系的客体

法律关系的客体，又称权利客体，是指法律关系主体的权利和义务指向的对象。在现实生活中，由于人们在物质和精神上的需要是多方的，因而法律关系的客体也是多种多样的。但一般来说，法律关系的客体包括物、非物质财富和行为。

也有学者认为，客体是法律所确认和加以调整的社会关系。例如破坏电力设施的行为，作为主体的行为人破坏的是电力设施这个物，但这种行为侵犯的社会关系是

"公共安全"，因此，公共安全是电力设施保护法律关系的客体。

但比较起来，法律关系主体的权利和义务指向的对象一说更有说服力。电力设施作为有形物，权利义务是围绕一定的"行为"和"物"展开。"行为"和"物"是电力社会关系产生的基础，更能体现满足主体物质利益和精神需要，作为权利和义务所指向的对象更具有客观性。并且，"行为"和"物"涉及多个方面的社会关系，在电力设施保护法律关系中，"公共安全"仅是其中之一，不能完整地体现。

3. 电力设施保护法律关系的内容

法律关系内容，是指具有法律上权利义务关系形式的社会关系。具有3层含义：①法律上的权利和义务。这是法律关系的法律内容，这一内容揭示法律关系的法律特征。②事实上的社会关系。这是法律关系的社会内容，这一内容揭示法律关系的社会特征。③享受权利和履行义务的事实行为。这是法律关系的物质内容，它体现了法律关系的法律内容和社会内容的联系。通常所说的法律关系内容，是指法律关系的法律内容，即法律上的权利和义务。

电力设施保护法律关系的内容是指电力设施法律关系的主体享有的权利和承担的义务。权利受到国家强制力的保障，享有权利的法律关系主体，在法定权利和权限范围内，可以实现法律意图，满足电力设施安全和保障公共安全的要求。义务是指遵循法律规定，不从事破坏、妨碍电力设施保护的行为，以及按照法律规定按时整改。

（三）电力设施保护法律关系的特点

电力设施保护法律关系是基于电力设施保护法律、法规规定的法律事实而产生的，如因电力设施的盗窃、破坏、损害等。其具有主体广泛性和内容复合性的特点。

1. 主体广泛性

电力设施保护法律关系的主体广泛性主要是因电力设施保护渗透到社会生活的方方面面。电力设施遍布全国各地城乡各个角落，其保护几乎与一切单位和公民都有这样或那样的联系。

2. 内容复合性

电力设施保护法律关系既有纵向的，又有横向的；既有行政的，又有民事和刑事的；既有电力管理部门同级之间、上下级之间的权利义务关系，又有电力管理部门与司法机关及其他行政管理部门之间的权利义务关系；既有电力管理部门与各个企事业单位、社会组织之间的权利义务关系，又有电力管理部门与公民之间的权利义务关系等。在电力设施保护过程中，除存在电力设施保护法律关系外，还可以同时存在其他法律关系，如电力设施与建筑物的互相妨碍还存在城市规划法律关系或土地管理法律关系。

三、电力设施的保护范围和保护区

（一）保护区的概念和与特点

电力设施保护区是为了保障电力设施的安全运行，按照电力运行特点而划定的一定空间区域。其具有法定性保护性和告示性的特点。

1. 法定性

电力设施保护区由法律规定，标准和边界均有明确要求，任何单位和个人不能擅自设定和改变。其设立必须通过特定的法律程序，不能因电力设施架设而自然形成。

2. 保护性

设立保护区的直接目的就是保护电力设施本身。使处于保护区内的电力设施受到专门和特殊的保护。

3. 告示性

保护区的边界、范围、管理规定必须用文字、图案来告示或明示。告示的地点、方式应由电力管理部门依据设施安全运行环境和人员活动实际情况确定。

（二）电力设施保护区的分类

1. 架空电力线路保护区

架空电力线路保护区是指架空电力导线向外侧水平延伸一定距离并垂直于地面所形成的两平行线内的区域，也是为了保证已建架空电力线路的安全运行和保障人民生活的正常供电而必须设置的安全区域。根据导线电压等级的不同，《电力设施保护条例》对一般地区各级电压导线的边线延伸距离作出了以下 4 种规定：

（1）电压在 1～10kV 的架空电力线路，导线向外侧延伸的距离为 5m。

（2）电压在 35～110kV 的架空电力线路，导线向外侧延伸的距离为 10m。

（3）电压在 154～330kV 的架空电力线路，导线向外侧延伸的距离为 15m。

（4）电压在 500kV 的架空电力线路，导线向外侧延伸的距离为 20m。

在特殊情况下，例如在厂矿、城镇等人口密集地区，架空电力线路保护区的区域可略小于上述规定。但各级电压导线边线延伸的距离，不应小于导线边线在最大计算弧垂及最大计算风偏后的水平距离和风偏后距建筑物的安全距离之和。特高压线路出现后，一些省市对特高压保护区进行了立法。

2. 电力电缆线路保护区

电力电缆线路保护区是指埋设在地下、水底电力导线两侧或地面标桩两侧向外延伸一定距离所形成的两平行线内区域。电力电缆线路保护区分为地下电缆、海底电缆、江河电缆保护区。

（1）地下电缆保护区。一般指电缆线路地面标桩两侧各 0.75m 所形成的两平行线内的区域。

（2）海底电缆保护区。一般指线路两侧各 2 海里（港内为两侧各 100m）所形成的两平行线内的区域。

（3）江河电缆保护区。一般指不小于线路两侧各 100m（中、小河流一般不小于各 50m）所形成的两平行线内的水域。可分为两种情况：①敷设于二级及以上航道时，为线路两侧各 100m 所形成的两平行线内的水域；②敷设于三级及以下航道时，则为线路两侧各 50m 所形成的两平行线内的水域。

3. 架空线路杆塔、拉线保护区

电力基础设施杆塔、拉线保护区是指以架空电力线路的杆塔和拉线基础分别为圆心，以规定的距离为半径，向外缘划定的安全隔离区域。依据《电力设施保护条例实施细则》的相关规定：

（1）35kV 及以下电力线路杆塔、拉线周围 5m 的区域。

（2）66kV 及以上电力线路杆塔、拉线周围 10m 的区域。

4. 发电设施附属管线保护区

依据《电力设施保护条例实施细则》的相关规定，发电设施附属的输油、输灰、输水管线的保护区参照地下电力电缆保护区的宽度，即地面标桩两侧各 0.75m 所形成的两平行线内的区域。

5. 爆破、放风筝、水工建筑物特别保护区域

爆破：水平距离 500m。

放风筝：水平距离 300m。

水工建筑物：水平距离 300m。

不同保护区法律禁止力度不同，如线下建筑，依据《中华人民共和国电力法》的相关规定，只要不危及线路安全，可以兴建，但《电力设施保护条例》明确规定架空线路保护区内不得兴建。再如，架空线路保护区不得堆放谷物、草料，电缆保护区则没有明确限制。

（三）电力设施保护区的法律效力

保护区制度主要规定了区域内的禁止行为和须经许可的行为。

1. 架空电力线路保护区内的禁止行为

依据《电力设施保护条例》第十五条规定，任何单位或个人在架空电力线路保护区内，必须遵守下列规定：

（1）不得堆放谷物、草料、垃圾、矿渣、易燃物、易爆物及其他影响安全供电的物品。

（2）不得烧窑、烧荒。

（3）不得兴建建筑物、构筑物。

（4）不得种植可能危及电力设施安全的植物。

2. 电力电缆线路保护区内的禁止行为

依据《电力设施保护条例》第十六条规定，任何单位或个人在电力电缆线路保护区内，必须遵守下列规定：

（1）不得在地下电缆保护区内堆放垃圾、矿渣、易燃物、易爆物，倾倒酸、碱、盐及其他有害化学物品，兴建建筑物、构筑物或种植树木、竹子。

（2）不得在海底电缆保护区内抛锚、拖锚。

（3）不得在江河电缆保护区内抛锚、拖锚、炸鱼、挖沙。

3. 架空电力线路杆塔、拉线基础外缘范围内的禁止行为

依据《电力设施保护条例实施细则》第十二条规定，任何单位或个人不得在距架空电力线路杆塔、拉线基础外缘的下列范围内进行取土、打桩、钻探、开挖或倾倒酸、碱、盐及其他有害化学物品的活动：

（1）35kV 及以下电力线路杆塔、拉线周围 5m 的区域。

（2）66kV 及以上电力线路杆塔、拉线周围 10m 的区域。

在杆塔，拉线基础的上述距离范围外进行取土、堆物、打桩、钻探、开挖活动时，必须遵守下列要求：

（1）预留出通往杆塔、拉线基础供巡视和检修人员、车辆通行的道路。

（2）不得影响基础的稳定，如可能引起基础周围土壤、砂石滑坡，进行上述活动的单位或个人应当负责修筑护坡加固。

（3）不得损坏电力设施接地装置或改变其埋设深度。

4. 保护区内须经许可的行为

依据《电力设施保护条例》第十七条规定，任何单位或个人必须经县级以上地方电力管理部门批准，并采取安全措施后，方可进行下列作业或活动：

（1）在架空电力线路保护区内进行农田水利基本建设工程及打桩、钻探、开挖等作业。

（2）起重机械的任何部位进入架空电力线路保护区进行施工。

（3）小于导线距穿越物体之间的安全距离，通过架空电力线路保护区。

（4）在电力电缆线路保护区内进行作业。

四、针对电力设施的禁止性义务

（一）危害发电设施、变电设施的禁止性义务

依据《电力设施保护条例》第十三条规定，任何单位或个人不得从事下列危害发

电设施、变电设施的行为：

（1）闯入发电厂、变电站内扰乱生产和工作秩序，移动、损害标志物。

（2）危及输水、输油、供热、排灰等管道（沟）的安全运行。

（3）影响专用铁路、公路、桥梁、码头的使用。

（4）在用于水力发电的水库内，进入距水工建筑物300m区域内炸鱼、捕鱼、游泳、划船及其他可能危及水工建筑物安全的行为。

（5）其他危害发电、变电设施的行为。

（二）危害电力线路设施的禁止性义务

依据《电力设施保护条例》第十四条规定，任何单位或个人，不得从事下列危害电力线路设施的行为：

（1）向电力线路设施射击。

（2）向导线抛掷物体。

（3）在架空电力线路导线两侧各300m的区域内放风筝。

（4）擅自在导线上接用电器设备。

（5）擅自攀登杆塔或在杆塔上架设电力线、通信线、广播线，安装广播喇叭。

（6）利用杆塔、拉线作起重牵引地锚。

（7）在杆塔、拉线上拴牲畜、悬挂物体、攀附农作物。

（8）在杆塔、拉线基础的规定范围内取土、打桩、钻探、开挖或倾倒酸、碱、盐及其他有害化学物品。

（9）在杆塔内（不含杆塔与杆塔之间）或杆塔与拉线之间修筑道路。

（10）拆卸杆塔或拉线上的器材，移动、损坏永久性标志或标志牌。

（11）其他危害电力线路设施的行为。

（三）危害电力设施建设的禁止性义务

依据《电力设施保护条例》第十八条规定，任何单位或个人不得从事下列危害电力设施建设的行为：

（1）非法侵占电力设施建设项目依法征收的土地。

（2）涂改、移动、损害、拔除电力设施建设的测量标桩和标记。

（3）破坏、封堵施工道路，截断施工水源或电源。

（四）违法收购电力设施器材的禁止性义务

违法收购电力设施器材是盗窃破坏电力设施的重要诱因。依据《电力设施保护条例》的相关规定，未经有关部门依照国家有关规定批准，任何单位和个人不得收购电力设施器材。

合法收购电力设施器材必须满足以下条件：

（1）收购主体必须合法。回收主体必须是在县级工商行政管理部门领取营业执照，并在30日内向同级商务主管部门备案的经营者，才有权收购电力设施器材。废旧电力设施器材属于生产性废旧金属，回收经营者还应当在取得营业执照后15日内，向所在地县级人民政府公安机关备案。

（2）收购的范围必须合法。所收购的电力设施器材，必须是原用于电力生产领域，现已失去原有使用价值的废旧电力设施器材。

（3）收购的手续必须合法。收购电力设施器材，应当查验出售单位开具的证明，对出售单位的名称和经办人的姓名、住址、身份证号码以及物品的名称、数量、规格、新旧程度等如实进行登记。登记资料保有期限为两年以上。

（4）收购地点必须合法。不得在电力施工工地附近设点收购电力设施器材。

不具备上述条件的收购，都属于非法收购电力设施器材的行为。凡是违反规定，非法收购电力设施器材的行为，均应受到法律的追究，构成犯罪的追究刑事责任。

五、电力设施保护法律责任和奖励

电力设施保护法律责任可分为刑事法律责任、行政法律责任、民事法律责任。

（一）电力设施保护刑事法律责任

我国刑法专门规定了破坏电力设备罪。根据《中华人民共和国刑法》第一百一十八条和第一百一十九条第一款的规定，破坏电力设备罪，是指故意破坏电力设备，危害公共安全的行为。

破坏电力设备罪是指故意破坏电力设备、危害公共安全尚未造成严重后果或者已经造成严重后果的行为。本罪侵犯的对象是正在使用的电力设备，包括用来发电、供电的公共设备，如电厂、变压器、输电设备等。破坏电力设备罪的方法多种多样，如毁坏、拆卸、割断等。行为人实施上述破坏电力设备的行为，必须满足危害公共安全的构成要件，即有可能引起不特定多数人伤亡或者使公私财产遭受重大损失或者使生产、生活秩序受到严重影响。犯罪的主观方面是由故意构成，即行为人明知其破坏电力设备的行为会发生危害社会公共安全的后果，并且希望或者放任这一结果的发生。

破坏电力设备罪尚未造成严重后果的，处3年以上10年以下有期徒刑，造成严重后果的，处10年以上有期徒刑、无期徒刑或者死刑。如过失犯损坏电力设备罪的，可从轻处罚。过失犯损坏电力设备罪是指由于过失而引起电力设备遭受损坏，危害公共安全，造成严重后果的行为。该罪侵犯的客体是公共安全，不同于破坏电力设备罪，该罪在主观上是由过失造成，而不是出于故意破坏。行为人造成的严重后果是使正在使用的电力设备失去良好的使用性能和安全性能，造成人、财、物严重损失的结果。构成该罪的主体是年满16周岁的具有刑事责任能力的自然人，专业技术人员和直接操作人员也能构成该罪。刑法规定，犯过失损坏电力设备罪的处3年以上7年以下有期徒刑；情节较轻的，处3年以下有期徒刑或者拘役。

（二）电力设施保护行政法律责任

依据《中华人民共和国电力法》《电力设施保护条例》以及《电力设施保护条例实施细则》的相关规定，危害、妨害电力设施保护，主要有以下行政责任：

（1）非法占用变电设施用地、输电线路走廊或者电缆通道的，由县级以上地方人民政府责令限期改正；逾期不改正的，强制清除障碍。

（2）在依法划定的电力设施保护区内修建建筑物、构筑物或者种植植物、堆放物品，危及电力设施安全的，由当地人民政府责令强制拆除、砍伐或者清除。

（3）未经批准或者未采取安全措施在电力设施周围或者在依法划定的电力设施保护区内进行作业，危及电力设施安全的，由电力管理部门责令停止作业、恢复原状。

（4）未经批准或未采取安全措施，在电力设施周围或在依法划定的电力设施保护区内进行爆破或其他作业，危及电力设施安全的，由电力管理部门责令停止作业、恢复原状。

（5）危害发电设施、变电设施和电力线路设施的，由电力管理部门责令改正；拒不改正的，处1万元以下的罚款。

（6）在依法划定的电力设施保护区内进行烧窑、烧荒、抛锚、拖锚、炸鱼、挖沙作业，危及电力设施安全的，由电力管理部门责令停止作业、恢复原状。

（7）危害电力设施建设的，由电力管理部门责令改正、恢复原状并赔偿损失。

（8）损坏使用中的杆塔基础的；损坏、拆卸、盗窃使用中或备用塔材、导线等电力设施的；拆卸、盗窃使用中或备用变压器等电力设备，情节显著轻微的，由电力管理部门责令改正；拒不改正的，处1000元以上10000元以下罚款。

（9）盗窃、哄抢库存或者已废弃停止使用的电力设施器材的；盗窃、哄抢尚未安装完毕或尚未支付使用单位验收的电力设施的，尚不构成犯罪的，由公安机关依据《中华人民共和国治安管理处罚条例》予以处理。

（三）电力设施保护民事法律责任

民事法律责任是民事主体对于自己因违反合同，不履行其他民事义务，或者侵害国家的、集体的财产，侵害他人的人身财产、人身权利所造成法律后果，依法应当承担的民事法律后果。民事责任主要是财产责任，遵循等价、补偿原则。这使其区别于国家权力介入的刑事和行政法律责任。

在电力设施保护法律关系中，赔偿破坏电力设施的损失，或新建、改建或扩建电力设施，需要损害农作物，砍伐树木、竹子，或拆迁建筑物及其他设施的，电力建设企业按照国家有关规定给予的一次性补偿等，都属于民事法律责任。

（四）保护电力设施的奖励

依据《电力设施保护条例》的相关规定，任何单位或个人有下列行为之一，电力管理部门应给予表彰或一次性物质奖励：

（1）对破坏电力设施或哄抢、盗窃电力设施器材的行为检举、揭发有功。

（2）对破坏电力设施或哄抢、盗窃电力设施器材的行为进行斗争，有效地防止事故发生。

（3）为保护电力设施而同自然灾害作斗争，成绩突出。

（4）为维护电力设施安全，做出显著成绩。

[案例 7]

某供电公司调度所值班人员周某按规定给某发电厂下令停机，该发电厂并网接入点为某 35kV 变电站。该发电厂的值班人员接到调度指令后，由该厂厂长授意，拒绝执行某供电公司值班人员周某发出的停机指令。调度所值班人员周某先后 3 次打电话给某发电厂，该发电厂值班人员仍然拒绝执行停机指令，造成当地电网局部区域电压升高至异常状态，该发电厂并网接入的 35kV 某变电站的 35kV 电压升至 42kV，10kV 电压升至 14kV，致使该并网接入点的变电站 1 号变压器持续 30min 超负荷运行，绝缘材料遭到破坏，最终被烧毁，造成直接损失 120 万元。

事后，就该事故造成的损失如何赔偿，双方未能达成一致意见。某供电公司以某发电厂违反双方订立的调度协议、拒不执行调度指令为由，以某发电厂为被告，向法院提起诉讼，请求被告赔偿 120 万元经济损失。被告则称，原告供电公司当日的调度指令属于临时通知，不属于双方订立的调度协议中的调度指令，发电厂有权拒绝；发电厂因执行供电公司发出的调度指令而面临停机、开机，将给发电厂造成一定的电量损失和其他相关损失，但供电公司不予赔付；发电厂如执行某电力企业的停机指令，将会无法履行和某公司之间的供气合同，给他人造成损失，因此，发电厂拒绝执行该调度指令合法合理，请求法院驳回原告的诉讼请求。

问　　题：该发电厂拒不执行调度指令的行为是否构成违约，该发电厂是否应当承担供电公司的设备损失？

法律解析：某发电厂拒不执行调度指令的行为构成违约。

依据《电网调度管理条例》的相关规定，电力调度机构调度管辖范围内的发电厂、变电站的运行值班单位，必须服从该级电力调度机构的调度；并网运行的发电厂或者电网，必须服从电力调度机构的统一调度。依据《电网调度管理条例实施办法》的相关规定，下级电力调度机构的值班调度员、发电厂值班人员、变电站值班人员在电网调度业务方面受上级电力调度机构值班人员的指挥，接受上级电力调度机构值班调度员的调度指令。因此，本案中的被告某发电厂值班人员应当听从调度人员指令，否则根据《电网调度管理条例》《并网调度协议》中的有关规定，发电厂人员拒不执行停机指令造成电网局部电压过高引起设备损毁的，应当认定为发电厂违约，由其承担违约责任。

法院审理认为，原、被告之间经协商一致签订了调度协议，该协议合法有效，双方应当予以执行。根据双方真实的意思表示，被告某发电厂应当严格遵从某供电公司电力调度机构值班人员下达的操作指令，不得以任何借口故意拖延或拒不执行。本次事故中，被告无正当理由拒不执行调度指令，其行为与原告 35kV 变电站 1 号变压器损毁的事实有直接因果关系，应当承担原告直接设备损失的赔偿责任。被告认为其拒不执行调度指令是出于需履行与第三方的供电合同，与本案不存在相关性，理由不成立，法院不予认可。法院支持原告的诉讼请求，判令由被告某发电厂承担责任，向原告某供电公司赔付设备损失 120 万元。

[案例 8]

某日，某供电公司所属变电站成套制造车间装配班组装配工毛某在 1 号车间与 2 号车间之间的通道上对预装式箱式变电设备做最后的装配工作。上午 10 时 30 分前，基本完成安装工作，剩余低压开关柜低压侧零地短接、柜内卫生打扫等扫尾工作。10 时 30 分左右，质量管理部高低压成套电气调试组 4 人进场调试。调试组在调试区域拉设警戒线，但没有设置明显的安全警示标志，对调试区进行清场，并做好调试前准备工作。11 时左右，调试组确认正常后就开始通电调试。11 时 55 分，调试组关闭电源下班吃饭。12 时 7 分左右，公司员工金某发现毛某头部伸进南面低压柜里，倒在系统零排上，触电受伤。

当日区安全生产监督管理局接到事故报告后立即赶赴事故现场调查，并经区人民政府授权成立由安监局、监察局、人民检察院、公安分局、总工会等部门组成的事故调查组，展开事故调查取证工作。事故调查组最终查明，事故发生的直接原因是毛某安全意识淡薄，在预装式箱式变电站调试期间擅自进入调试警戒区安装低压开关柜零线导致触电，其自身存在重大过错，在操作中未严格按照员工手册中规定的内容进行安全生产活动，但变电站在危险区域（预装式箱式变电站通电调试区域）未设置明显安全警示标志，对事故发生也负有一定责任。

问　　题：该供电公司所属变电站有哪些违法情形？事故发生后，该供电公司应采取哪些行动？

法律解析：某供电公司所属变电站在危险区域（预装式箱式变电站通电调试区域）未设置明显安全警示标志，违反了《中华人民共和国安全生产法》第三十五条“生产经营单位应当在有较大危险因素的生产经营场所和有关设施、设备上，设置明显的安全警示标志”的规定，属于违法行为。

事故发生后，某供电公司所属变电站应采取积极的抢救措施，对受伤员工进行妥善安置和赔偿，并对事故隐患进行整改。

第五章

新型电力业务管理法律问题

第一节　新能源发电建设

新能源一般是指在新技术基础上加以开发利用的可再生能源，包括太阳能、风能、生物质能等；而已经广泛利用的煤炭、石油、天然气、水能、核裂变能等能源，称为常规能源。新能源发电就是利用现有的技术，通过上述的新型能源，实现发电的过程。截至 2019 年年底，我国新能源（风电和太阳能发电）发电装机容量约 4.1 亿 kW。其中，国家电网有限公司经营区新能源装机 3.5 亿 kW，占全国新能源总装机的 84%，同比增长 13.7%。2019 年，国家发展和改革委员会、国家能源局相继发布风电、光伏发电平价上网及电力消纳保障机制等政策，着力促进新能源消纳，提高新能源发电的经济性和竞争力，推进我国新能源向更高质量、更合理发展。

一、太阳能发电

太阳能发电主要包括通过热过程的太阳能热发电和不通过热过程的光伏发电等，主要应用的是直接利用太阳能的光伏发电（photo voltaic，PV）和间接利用太阳能的太阳能热发电（concentrating solar power，CSP）两种方式。光伏发电网系统分为分布式和集中式两种，分布式光伏发电较多应用在城市屋顶上，投资成本低，安装灵活且占地面积较小。集中式光伏发电通常在戈壁中使用，企业出资建设且建设成本较高。

（一）光伏发电

1．光伏发电的模式

（1）统购统销模式。这种模式主要由第三方进行投资运行，第三方全面负责考察选址、电站建设和维护更新等事宜，电网系统建成后电站将所发电量全部送入电网，国家电网企业进行全部收购。政府一般通过建设费用补贴和发电度电补贴进行投资。这种模式被广泛采用，是大型光伏电站通常采用此方式。这一模式的优点是降低对电网运行的不确定影响，便于统一上网、统一计量、统一补贴，在供给侧方面获取更多可再生能源，使需求侧方面不受影响。政府大力支持的“金太阳工程”大多是此类示范性项目，可以完成装机容量任务并有利于节能减排。

（2）合同能源管理模式。同样也是由第三方机构进行投资建设与运营管理，与统购统销的区别主要在于电能的供给方向，合同能源管理模式所发电能优先满足本地区及光伏系统附近的用户使用，如果电量剩余才上网销售，不足的还需要从电网购买。在这种模式下，光伏系统装机容量较大，发电后经过逆变器作用与低压母线并网，所发电量按照分布式光伏鼓励政策接受补贴，剩余电量一般以当地燃煤标杆电价进行上网销售。合同能源管理模式的优点在于所发电量就地消耗，比第一种模式减少了远距离传送。在这一种模式中，第三方投资者有较大的运营空间，一方面可以调节光伏发电量，可以自用、区域用，也可以销售用，在销售层面有一定的定价权，其和发电企业一样需要通过销售电能以获取利润，但还有一部分补贴收入。这种模式参与方多元、投资主体比较复杂，运营过程中需要理顺投资者、电网与用户三者的关系。

（3）自发自用模式。是用户自己投资建设、运营管理，发电量以自用为主，剩余的可以上网销售，不足电量再进行购买。居民所用的分布式光伏发电项目属于这一模式，系统所有者与电量使用者是同一法人。这一模式真正有效平衡了电量供给与消费，经济收益主要来源于销售多余电量的收入、节省电费的收入、政府补贴收入。这种模式由于装机容量有限，投资回收期较长，还需要政策具有良好的持久性。投资者首先需要具备良好的低碳意识以及一定投资能力，比较适合农村郊区屋顶资源丰富家庭用户、工商业以及学校医院等事业单位用户。

2. 光伏发电的国家政策

2013 年 7 月 4 日，国务院颁布《国务院关于促进光伏产业健康发展的若干意见》（国发〔2013〕24 号），意见提出了“把扩大国内市场、提高技术水平、加快产业转型升级作为促进光伏产业持续健康发展的根本出路和基本立足点，建立适应国内市场的光伏产品生产、销售和服务体系，形成有利于产业持续健康发展的法规、政策、标准体系和市场环境”的发展目标。2014 年，国家能源局发布《国家能源局关于进一步落实分布式光伏发电有关政策的通知》（国能新能〔2014〕406 号），通知提出了加强分布式光伏发电应用规划工作，鼓励开展多种形式的分布式光伏发电应用。

2013 年 7 月 8 日，国家发展和改革委员会颁布《分布式发电管理暂行办法》（以下简称《办法》）。《办法》中豁免了分布式发电项目发电业务许可，鼓励企业、专业化能源服务公司和包括个人在内的各类电力用户投资建设并经营分布式发电项目。分布式发电实行分级管理，各省级投资主管部门和能源主管部门组织实施本地区分布式发电建设，国务院能源主管部门组织分布式发电示范项目建设。

电网企业负责分布式发电外部接网设施以及由接入引起公共电网改造部分的投资建设，并为分布式发电提供便捷、及时、高效的接入电网服务。同时，分布式发电以自发自用为主，多余电量上网，电网调剂余缺。电网企业应保证分布式发电多余电量的优先上网和全额收购。对符合条件的分布式发电给予建设资金补贴或单位发电量补贴，建设资金补贴方式仅限于电力普遍服务范围。对农村、牧区、偏远地区和海岛的分布式发电，以及分布式发电的科学技术研究、标准制定和示范工程，国家给予资金支持。《办法》适用于以下分布式发电方式：总装机容量 5 万 kW 及以下的小水电站；以各个电压等级接入配电网的风能、太阳能、生物质能、海洋能、地热能等新能源发电；除煤炭直接燃烧以外的各种废弃物发电，多种能源互补发电，余热余压余气发电、煤矿瓦斯发电等资源综合利用发电；总装机容量 5 万 kW 及以下的煤层气发电；综合能源利用效率高于 70%且电力就地消纳的天然气热电冷联供等。

为充分发挥市场机制作用，科学合理引导新能源投资，推动光伏发电产业健康有序发展，国家发展和改革委员会印发《关于 2020 年光伏发电上网电价政策有关事项的通知》（以下简称《通知》），公布了 2020 年光伏发电上网电价政策。《通知》明确，纳入 2020 年财政补贴规模，采用“自发自用、余量上网”模式的工商业分布式光伏发电项目，全发电量补贴标准调整为每千瓦时 0.05 元；采用“全额上网”模式的工商业分布式光伏发电项目，按所在资源区集中式光伏电站指导价执行。能源主管部门统一实行市场竞争方式配置的所有工商业分布式项目，市场竞争形成的价格不得超过所在资源区指导价，且补贴标准不得超过每千瓦时 0.05 元。《通知》规定，纳入 2020 年财政补贴规模的户用分布式光伏全发电量补贴标准调整为每千瓦时 0.08 元。符合国家光伏扶贫项目相关管理规定的村级光伏扶贫电站（含联村电站）的上网电价保持不变。

（二）太阳能热发电

通过水或其他工质和装置将太阳辐射能转换为电能的发电方式，称为太阳能热发电。太阳能热发电有多种类型，主要包括塔式系统、槽式系统、盘式系统、太阳池和太阳能塔热气流发电。2006 年国务院颁布实施的《国家中长期科学和技术发展规划纲要（2006～2020 年）》和 2007 年国家发展和改革委员会颁布的《可再生能源中长期发展规划》中均把太阳能热发电明确列为重点和优先发展方向。2011 年 3 月 27 日，国家发展和改革委员会发布《产业结构调整指导目录（2011 年本）》（国家发展和改革委员会令第 9 号），“太阳能热发电集热系统”被列为“第一类鼓励类”新能源产业第一个。2016 年 4 月 7 日，国家发展和改革委员会、国家能源局印发《能源技术革命创新行动计划（2016～2030 年）》（发改能源〔2016〕513 号）。“三、重点任务（七）高效太阳能利用技术创新”中提到，“掌握高参数太阳能热发电技术，全面推动产业化应用，开展大型太阳能热电联供系统示范，实现太阳能综合梯级利用。突破太阳能热化学制备清洁燃料技术，研制出连续性工作样机。”

2016 年 9 月 13 日，国家能源局发布《关于建设太阳能热发电示范项目的通知》（国能新能〔2016〕223 号），确定第一批太阳能热发电示范项目共 20 个，总计装机容量 134.9 万 kW，分别分布在青海省、甘肃省、河北省、内蒙古自治区、新疆维吾尔自治区。《关于建设太阳能热发电示范项目的通知》提出，各省（自治区）发展和改革委员会（能源局）负责指导督促各示范项目建设。各示范项目建设要严格遵守其参加评审时承诺的技术指标要求。各示范项目原则上应在 2018 年底前建成投产，并要求有关电网企业要配合做好示范项目配套电网建设规划，按照示范项目的计划建设进度，及时开展配套电网送出工程建设，提前研究各示范项目投产后的并网运行方案，确保示范项目发电量全额消纳。

2016 年 8 月 29 日，国家发展和改革委员会发布《关于太阳能热发电标杆上网电价政策的通知》（发改价格〔2016〕1881 号），核定太阳能热发电标杆上网电价为每千瓦时 1.15 元，并明确上述电价仅适用于国家能源局 2016 年组织实施的示范项目。同时鼓励地方政府相关部门对太阳能热发电企业采取税费减免、财政补贴、绿色信贷、土地优惠等措施，多措并举支持太阳能热发电产业发展。并明确，2019 年以后国家将根据太阳能热发电产业发展状况、发电成本降低情况，适时完善太阳能热发电价格政策，逐步降低新建太阳能热发电价格水平。

2016 年 12 月 8 日，国家能源局印发《太阳能发展“十三五”规划》（国能新能〔2016〕354 号），提出了“通过示范项目建设推进太阳能热发电产业化”的指导方针。积极推进示范项目建设，及时总结建设和运行经验，建立健全政策和行业管理体系，完善各项技术标准，推动太阳能热发电产业规模化发展。推进多种太阳能热发电技术路线的产业化，建立各项标准和检测认证服务体系，推动我国太阳能热发电产业进入国际市场并不断提高竞争力。2017 年 2 月 10 日，国家能源局印发《2017 年能源工作指导意见》（国能规划〔2017〕46 号）。其中在“重点任务”中提出，稳步推进太阳能热发电首批示范项目。

二、风电

发展风电已成为许多国家推进能源转型的核心内容和应对气候变化的重要途径，也是我国深入推进能源生产和消费革命、促进大气污染防治的重要手段。风电技术比较成熟，成本不断下降，是目前应用规模最大的新能源发电方式。

我国自 20 世纪 70 年代开始尝试风电机组的开发，从 1996 年开始，启动了科技支撑计划等一系列的支持项目推动风电的发展。根据风能资源状况和工程建设条件，将全国分为 4 类风能资源区，相应制定风电标杆上网电价。4 类资源区风电标杆电价水平分别为每千瓦时 0.51 元、0.54 元、0.58 元和 0.61 元。海上风电上网电价现阶段为审批电价和招标电价结合的方式，价格区间为 0.62～0.97 元/kWh。对利用风力生产的电力实现的增值税实行即征即退50%的政策。自2009年1月1日起，在维持现行增值税税率不变的前提下，允许企业逐年抵扣其新购进设备所含的进项税额。风电企业享受所得税3免3减半的优惠（自项目取得生产经营收入的第1个纳税年度起，前3年免征企业所得税，第4～6年减半征收企业所得税）。自2008年1月1日起，对国内企业为开发、制造1.2MW以上的大功率风力发电机组而进口部分关键零部件、原材料所缴纳的进口关税和进口环节增值税实行先征后退政策。对进口单机功率不小于1.5MW的风电机组配套的关键零部件和原材料，免征关税和进口环节增值税。

国家能源局印发的《风电发展“十三五”规划》，明确了“十三五”期间风电发展目标和建设布局。规划指出到2020年底，风电累计并网装机容量确保达到2.1亿kW以上，其中海上风电并网装机容量达到500万kW以上；风电年发电量确保达到4200亿kWh，约占全国总发电量的6%，为实现非化石能源占一次能源消费比重达到15%的目标提供重要支撑。2019年底，风电累计并网量已突破2.1亿kW，为国家能源结构调整、经济转型升级和应对环境气候变化做出了积极的贡献。

2018年之前，国内风电光伏产业的核心驱动力是政府补贴，行业景气度与政府补贴力度高度相关，同时也意味着风电光伏产业高度依赖政府补贴，一方面不利于产业长期健康发展、技术迭代升级，另一方面消耗了大量政府财政支出（2018年底的补贴缺口高达2088亿元）。而通过合理的补助退坡，能够促进光伏风电技术更新，逐渐实现不依靠补贴也具有经济性。近几年风电光伏产业链加快技术迭代升级，降低成本，同时也加速了行业的优胜劣汰，落后产能加速出清。

2019年1月9日，国家发展和改革委员会与国家能源局《关于积极推进风电、光伏发电无补贴平价上网有关工作的通知》正式落地，风电光伏补贴后时代——我国的平价上网时代正式拉开序幕。

“十四五”期间，我国风电已经具备走向平价上网的条件。实现平价后，制约产业发展的主要矛盾从高成本制约大规模应用，转变为传统电力体制机制不能适应高比例可再生能源发展。新的形势下，要顺利推进“十四五”期间风电平价上网进程，保证持续健康发展势头，必须建立相应的政策支持体系。

（1）严格执行全额保障性收购制度。发电量是决定风电项目能否实现平价上网的关键因素之一，而发电量不仅取决于技术水平，更取决于电网能否全额收购。“十四五”时期，应当继续执行全额保障性收购制度，并按照《可再生能源发电全额保障性收购管理办法》《关于积极推进风电、光伏发电无补贴平价上网有关工作的通知》等政策的相关要求，进行严格考核，切实保障风电平价项目优先发电、优先上网。

（2）明确风电固定电价。鉴于我国尚未建立完善的以市场为基础的电力价格形成机制，建议按照风电项目并网时的火电指导电价为准，签订长期购电协议（PPA）。或者可借鉴英国的差价合约（CfD）机制，通过招标或其他方式确定一个固定电价，然后鼓励风电参与电力市场交易，利用风电边际成本低的优势，实现全额优先上网，再结合交易价格与固定电价的高低，进行多退少补。

（3）将配额制提升至法律层面，增强其约束力。在国际上，配额制＋绿证交易的模式已经被证明是一种借助市场化手段促进可再生能源发展的行之有效的手段。我国虽然建立了可再生能源开发利用目标引导制度，但整体上对各个责任主体缺乏足够的约束力。

因此，建议尽快出台可再生能源强制配额制考核管理办法，将可再生能源发展和应用目标作为约束性考核指标，明确各个责任主体应承担的义务，并强化对相关执行情况的监管。通过这种方式，促使各地发展可再生能源的动力由利益转变为主体责任，从而为可再生能源打开更广阔的发展空间。

（4）降低非技术成本。必须严格执行《关于开展风电平价上网示范工作的通知》《关于减轻可再生能源领域企业负担有关事项的通知》等政策中有关清除非技术成本的规定，做到令行禁止，坚决取消任何形式的资源出让费、不合理的社会公益事业投资分摊等费用，并在政策规定的期限内清退已经违规收取的资源出让费，上一级政府主管部门必须加强监管，并依据相关规定进行严厉处罚。

（5）完善生态环保规划和标准建设，加强事中、事后监管。协同行业和环保部门的力量建立科学的生态与环境评价体系，各地区主管部门根据自身的情况，并结合国家已出台法律法规制订本辖区范围内风电场建设用地的政策。尽快建立全国统一的生态环境评估技术标准体系，使地方政府和企业都能够有法可依、有章可循，真正做到风电与环境的和谐发展。

第二节　智能电网建设

智能电网是在传统电力系统基础上，通过集成新能源、新材料、新设备和先进传感技术、信息技术、控制技术、储能技术等新技术，形成的新一代电力系统，具有高度信息化、自动化、互动化等特征，可以更好地实现电网安全、可靠、经济、高效运行。发展智能电网是实现我国能源生产、消费、技术和体制革命的重要手段，是发展能源互联网的重要基础。发展智能电网，有利于进一步提高电网接纳和优化配置多种能源的能力，实现能源生产和消费的综合调配；有利于推动清洁能源、分布式能源的科学利用，从而全面构建安全、高效、清洁的现代能源保障体系；有利于支撑新型工业化和新型城镇化建设，提高民生服务水平；有利于带动上下游产业转型升级，实现我国能源科技和装备水平的全面提升。

（一）智能电网的优势

（1）智能电网具有坚强的电网基础体系和技术支撑体系，能够抵御各类外部干扰和攻击，能够适应大规模清洁能源和可再生能源的接入，电网的坚强性得到巩固和提升。

（2）信息技术、传感器技术、自动控制技术与电网基础设施有机融合，可获取电网的全景信息，及时发现、预见可能发生的故障。故障发生时，电网可以快速隔离故障，实现自我恢复，从而避免大面积停电的发生。

（3）柔性交/直流输电、网厂协调、智能调度、电力储能、配电自动化等技术的广泛应用，使电网运行控制更加灵活、经济，并能适应大量分布式电源、微电网及电动汽车充放电设施的接入。

（二）智能电网计划

国家电网有限公司于2009年5月21日首次公布了智能电网计划，其内容包括以坚强智能电网网架为基础，以通信信息平台为支撑，以智能控制为手段，包含电力系统的发电、输电、变电、配电、用电和调度各个环节，覆盖所有电压等级，实现“电力流、信息流、业务流”的高度一体化融合，是坚强可靠、经济高效、清洁环保、透明开放、友好互动的现代电网。坚强智能电网的主要作用表现为通过建设坚强智能电网，提高电网大范围优化配置资源能力，实现电力远距离、大规模输送。

2009～2010年是规划试点阶段，重点开展坚强智能电网发展规划，制定技术和管理标准，开展关键技术研发和设备研制，开展各环节的试点；2011～2015年是全面建设阶段，将加快特高压电网和城乡配电网建设，初步形成智能电网运行控制和互动服务体系，关键技术和装备实现重大突破和广泛应用；2016～2020年是引领提升阶段，将全面建成统一的坚强智能电网，技术和装备达到国际先进水平。届时，电网优化配置资源能力将大幅提升，清洁能源装机比例达到35%，分布式电源实现“即插即用”，智能电表普及应用。到2020年，可全面建成统一的“坚强智能电网”。

（三）智能电网发展任务和保障措施

2015年7月7日，国家发展和改革委员会、国家能源局《关于促进智能电网发展的指导意见》（发改运行〔2015〕1518号）（以下简称《意见》），《意见》明确，到2020年，初步建成安全可靠、开放兼容、双向互动、高效经济、清洁环保的智能电网体系。

《意见》明确了10项主要任务：①建立健全网源协调发展和运营机制，全面提升电源侧智能化水平；②增强服务和技术支撑，积极接纳新能源；③加强能源互联，促进多种能源优化互补；④构建安全高效的信息通信支撑平台；⑤提高电网智能化水平，确保电网安全、可靠、经济运行；⑥强化电力需求侧管理，引导和服务用户互动；⑦推动多领域电能替代，有效落实节能减排；⑧满足多元化民生用电，支撑新型城镇化建设；⑨加快关键技术装备研发应用，促进上下游产业健康发展；⑩完善标准体系，加快智能电网标准国际化。

为此，《意见》提出了3个大项的保障措施：①加强组织协调，统筹推动智能电网发展。加强政府部门间协调，研究落实支持智能电网发展的财税、科技、人才等扶持政策等。②加大投资支持力度，完善电价机制。研究设立智能电网中央预算内投资专项，支持储能、智能用电、能源互联网等重点领域示范项目；鼓励金融机构拓展适合智能电网发展的融资方式和配套金融服务，支持智能电网相关企业通过发行企业债等多种手段拓展融资渠道；鼓励探索完善峰谷电价等电价政策，支持储能产业发展等。③营造产业发展环境，鼓励商业模式创新。探索互联网与能源领域结合的模式和路径，鼓励将用户主导、线上线下结合、平台化思维、大数据等互联网理念与智能电网增值服务结合等。

国家电网有限公司全面落实《国家电网公司2014～2020年电网智能化滚动规划》，稳步推进智能电网推广项目建设，精心组织智能电网创新示范工程，巩固国家电网有限公司智能电网的国际引领地位。稳步推进智能电网推广项目建设，组织开展智能电网调度控制系统、新能源功率预测及运行控制系统推广建设，完成36套地调系统升级改造，覆盖全部并网风电场和光伏电站；组织开展输变电设备状态监测系统和配电自动化系统推广建设，分别覆盖18万公里输电线路和76座城市；组织开展智能变电站建设，新建智能变电站1400座；组织开展用电信息采集系统建设，安装智能电能表6060万只，建成投运“三线一环”高速公路城际互联快充网络。全面开展6类41项智能电网创新示范工程建设，着力打造一批国际领先的智能电网精品工程和亮点工程。这些工程包括支持新能源开发工程、支撑分布式电源应用工程、促进便捷用电工程、推动电动汽车发展工程、服务智慧城市建设工程和提升电网智能化工程。

经过10多年的发展，我国智能电网核心技术取得全面进步，很多技术和设备实现了“中国制造”和“中国引领”。特高压输变电技术保持国际领先，特高压交直流混联大电网安全运行控制和仿真技术持续领先，柔性直流输电技术、交直流混合配电网、统一潮流控制器、高弹性电网技术不断取得突破和应用。“大云物移智链边”等先进信息通信技术与能源电力技术深度融合，有力支撑能源电商、车联网、多站融合、综合能源、智能芯片等新业务新模式蓬勃发展，以及电网数字化、智能化、智慧化转型升级。智能电网正加速向能源互联网转型升级，能源技术与数字技术加速深度融合，源网荷储协同互动技术、多种能源优化互补技术将推动能源互联网的物理网架、信息支撑、价值创造三大体系从战略走向实践。

为推动智能电网进一步向能源互联网发展，要深入贯彻“四个革命，一个合作”能源安全新战略，坚持“创新、协调、绿色、开放、共享”五大发展理念，着力在特高压关键组部件、高性能电工材料和电力专用工控芯片等一系列核心技术上加强攻关、取得突破；依托“大云物移智链边”等技术，加强智能终端、通信网络和系统平台等建设，推动电网在形态、技术、功能、价值等方面的持续升级。

（四）智能电网发展的新趋势

当前我国电网建设面临售电放开、新能源并网、储能、新能源汽车等新需求、新形势，智能电网成为行业未来发展的新方向。智能电网是建立在集成的、高速双向通信网络的基础上，通过先进的传感和测量技术、先进的设备技术、先进的控制方法以及先进的决策支持系统的应用。

2018 年 6 月 27 日，中国移动通信集团公司、中国南方电网有限责任公司和华为技术有限公司联合发布了《5G 助力智能电网应用白皮书》。白皮书指出，智能电网作为新一代电力系统，具有高度信息化、自动化、互动化等特征，其应用数字信息技术和自动控制技术，实现从发电到用电所有环节信息的双向交流，系统地优化电力的生产、输送和使用。未来的智能电网将是一个自愈、安全、经济、清洁，能够提供适应数字时代的优质电力网络。当前，围绕电力系统发电、输电、变电、配电、用电全流程，基于 5G 的大带宽、低时延、广连接特性以及独特的“网络切片”技术，电力行业公司、运营商和设备商在推进 5G＋智能电网应用落地时主要集中在以下几类典型应用。

1. 差动保护

凭借超低时延，5G 可以替代光纤做配电网差动保护，大幅降低成本。电力的配电网络由配电站和输电线组成，配电站里有输电设备、变压器、配电保护设备（DTU）等，假如全网按照有线连接的方式去部署差动保护，那么对光纤的需求量和部署难度会极大地推高成本。凭借小于 10ms 的超低时延，5G 网络可以代替光纤去做差动保护，实现降本增效。

2. 无人巡检

在变电站机器人巡检等电力生产管理中的中低速率移动场景中，具备大带宽特性的 5G 网络一方面可以对巡检机器人进行移动/飞行控制，在降低人工成本和安全风险的同时大幅提升巡检效率；另一方面还能把高清视频图像及时回传到指挥中心做分析处理，提升运维效率。

3. 高级计量

随着家庭和工商业用户对用电信息、电价信息等的知情和管理诉求日益凸显，电力计量需要从传统计量向高级计量演进。具备广连接特性的 5G 网络可以连接海量的智能电表设备，并提升采集频次，丰富采集内容，实现双向互动，最终满足客户智能用电和个性化服务的需求。

4. 安全隔离

5G 独特的可定制化的网络切片技术，可端到端保障电网的高隔离性应用，更好地满足电力网络对“行业专网”的诉求，为智能电网不同业务提供差异化的网络服务能力。

（五）智能电网相关法律规定

1. 电网电力优化调度的法律

依据《中华人民共和国电力法》第二十一条规定，电网运行实行统一调度、分级管理。任何单位和个人不得非法干预电网调度。“统一调度、分级管理”的原则为电网电力的优化运行确定了基本的指导方针和原则纲领，这也是各级政府在具体协调电网电力调配方面行政立法或政策制定的指导性条款。在行政法规的制定上，依据《电网调度管理条例》第二十八条规定，调度机构对于超计划用电的用户应当予以警告；经警告，仍未按照计划用电的，调度机构可以发布限电指令，并可以强行扣还电力、电量；当超计划用电威胁电网安全运行时，调度机构可以部分或者全部暂时停止供电。该条规定主要是对电力使用进行分级化管理，针对实践中超额用电的情况予以制止，新的规定以行政处罚的形式对于超计划用电单位进行限制，通过限电、停电等措施规范电力的调配。

2. 电力价格的法律与政策

在法律规范的调节上，我国对电价做出规定的法律有 4 部，分别是《中华人民共和国电力法》《中华人民共和国价格法》《中华人民共和国可再生能源法》以及《中华人民共和国节约能源法》。其中，作为电力系统基本法的《中华人民共和国电力法》对电价的内涵、定价原则以及分类等做出了较为具体的规定，例如依据第四十一条规定，国家实行分类电价和分时电价。而《中华人民共和国价格法》通过对价格的监督与规范来约束电力定价的问题，依据第二十一条规定，制定政府指导价、政府定价，应当依据有关商品或者服务的社会平均成本和市场供求状况、国民经济与社会发展要求以及社会承受能力，实行合理的购销差价、批零差价、地区差价和季节差价。《中华人民共和国节约能源法》中规定了我国实行峰谷分时电价、季节性电价、可中断负荷电价、差别电价制度。

第三节 区块链应用

一、区块链技术概述

区块链是按照时间顺序将数据区块以链条的方式组合成特定数据结构，并以密码学方式保证不可篡改、不可伪造地去中心化共享总账，能够安全存储简单的、有先后关系的、能在系统内验证的数据。去中心化分布式记账是区块链最突出的特征。区块链每一个节点都拥有完整的数据账本，账本公开透明，任何人可以随时随地通过终端进行查看与交易。数据分布式储存，避免了单点故障问题，任一节点停止工作都不影响整体系统的运行。

区块链技术通过代码及加密算法达成共识机制，强制性规定总量恒定、工作量证明等规则，参与者需无条件遵守、执行规则，无权擅自更改。共识机制确认每笔交易和整个分类账的完整性。在代码规则不变的前提下，共识机制仅通过自治协商管理，通过提案形成共识的方式修改规则。同时，区块链利用智能合约执行交易。

二、国家电网区块链技术应用十大场景

国家电网有限公司高度重视区块链技术的研究应用，将区块链技术应用纳入泛在电力物联网建设重点任务，在中央企业率先成立区块链专业公司——国网区块链科技（北京）有限公司，加快推进区块链核心关键技术研究、公共服务平台构建等，促进电网数字化转型发展。

国网区块链科技（北京）有限公司基于自主研发的区块链底层技术服务平台，全面强化区块链在能源电力领域的应用落地，在新能源云、电力交易、优质服务、综合能源、物资采购、智慧财务、智慧法律、数据共享、安全生产、金融科技十大场景形成了具备典型性、高可行性的区块链技术解决方案。

（一）新能源云

与传统能源相比，新能源具有主体多元化、产业链条长等特点，应用区块链技术打造集电网企业、监管部门、金融机构、用户主体等业务数据全节点上链的新能源云平台，可有效打破数据孤岛和信息壁垒。

由国网电子商务有限公司牵头建设的国网新能源云平台已在宁夏、新疆、吉林、山东、江苏等 14 家省公司实现试点应用，截至 2019 年底，已完成 20 多万座新能源电站的并网签约、交易结算等信息的上链存证数据百万余条，并网业务办理时限平均缩短 16 天，电费结算周期平均缩短 4 天，有效提升了新能源业务办理效率。

（二）电力交易

融合区块链共识机制、智能合约技术，采用连续双边拍卖机制，通过点对点交易，可有效解决电力交易双方信息不对称导致的信任缺失问题。基于区块链的电力交易从交易端解决了多方信息不对称带来的信任危机，打造了公平公开的市场化交易环境，增强了电力交易市场主体的参与感。

基于区块链的电力交易平台已在国网陕西省电力有限公司正式开展试点应用，服

务于各类电力交易主体 2000 余家，参与双边协商交易 600 余家，承担分布式电力交易市场中近 80%的交易量，有效降低了电力交易过程中的人力、时间和沟通成本。

（三）优质服务

优质服务是电网企业的核心使命，也直接影响企业社会效益的发挥。基于区块链的优质服务，可构建多方参与、安全互信的多利益主体业务协同机制。

国网电子商务有限公司打造的电力交费服务平台“电 e 宝”，已面向 3100 万居民客户和 44 万企业客户提供电费交纳、代扣及金融增值服务，上链 1 个月，居民客户交费额达 48 亿元，企业用户交费额达 217 亿元。

（四）综合能源

综合能源具有业务类型多、实施周期长、交易信息复杂等特点，基于区块链的综合能源服务可覆盖全电力环节，实现能源生产信息、能源网分布信息、能耗数据、储能信息等数据的上链可信背书，将全面优化业务流程，可提升业务办理效率 20%以上。

截至 2019 年底，国网山东省电力公司已在多个园区开展试点应用。基于区块链的微网分布式能源智能交易平台，实现了微网内光伏、储能、风电、电网等不同主体之间的购售电交易，其中充电桩综合用电成本下降 7%、光伏收益增加 12%，提高了不同主体交易透明度，降低了能源交易成本。

（五）物资采购

在区块链技术下，通过与金融机构、司法机关、质检机构的跨链交互与数据共享，可穿透式地掌握物资采购过程中订单、运输、销售、质量评价等所有环节的情况，实现物资采购全流程交易可信存证和智能履约，为客户提供实时动态产品质量追溯等服务。

截至 2019 年底，国网商城已上链 450 多万条订单数据和合同数据，通过区块链技术的应用，主要商品库存周转周期缩短 20%，供应链流转效率提升 30%，年均节省费用数亿元。

（六）智慧财务

区块链技术构建了“一跨多”分类账本，打造财务共享协同新模式，将交易数据、电子合同、筹资信息、投资活动等财务关键信息上链存证，可实现财务相关数据全部记录，高效监测财务管控和财务运作的安全运行。

截至 2019 年底，基于区块链的电子发票系统，累计上线电子发票数据 1 万余条，每张发票查验审核时间由原来的 3min 缩短为 10s，票据核对时间缩短至 5s 内。区块链技术实现了发票流程的链上流转，解决了票据造假、重复报销、票据校验周期长等问题。

（七）智慧法律

利用区块链技术实现与公证机构、鉴定机构、法院、律师事务所等权威机构的对接，破解了电子证据易篡改、易伪证、易消亡、保障唯一性低等痛点。

国网电子商务有限公司充分发挥北京互联网法院“天平链”核心节点的优势，通过将交易数据、电子合同、知识产权等数据上链存证，使数据具备司法级效力，实现了电子数据全流程记录、全链路可信、全节点见证。

截至 2019 年底，国网商城已实现采购合同的线上签约试点应用，已累计上链百万条数据，节省合同签署成本 95%以上，合同流转时间从原来的 2 周缩短为 1 天。

（八）数据共享

数据共享的两大痛点为泄露风险高、数据价值转化低。利用区块链技术防篡改、节点共享的技术特性，创建可信共享数据账本。

截至 2019 年底，国网电子商务有限公司征信平台已向金融机构提供可信征信数据近 10 万条，有效支撑了中小微企业融资贷款业务，实现了跨行业、跨机构、跨地域的数据共享。

（九）安全生产

通过对安全监督、网络安全等设备信息、防御信息、告警机制的融合上链存证，链端检测可实现对作业网的全状态诊断，确保了安全事件可监测、可追溯。

在网络安全防护领域，国网电子商务有限公司将网络安全设备、安全系统的数百万条日志数据上链存证，打造了系统告警机制。当日志数据被篡改时，系统立即告警，降低了潜在安全风险和隐患。

基于区块链的安全生产实现了更加实时精准的安全隐患监督和排查，将助力完善泛在电力物联网安全管理体系建设，推动安全管理水平再上新台阶。

（十）金融科技

金融服务作为区块链最早的应用领域，是典型的多利益主体业务。发挥区块链分布式记账在供应链金融、资产证券化、征信与风险控制等金融业务中的技术应用优势，为中小企业提供可信的企业征信，解决企业融资难等问题，在提升商业合作效率、完善风险管控、优化营商环境等方面提供坚实的技术保障。

截至 2019 年底，国网电子商务有限公司“电 e 贷”作为区块链电力金融产品，已完成交易订单数据上链存证 2.6 万条，服务中小微企业超 1 万户，授信金额达 16.18 亿元，并支撑供应链金融产品“订单融资”“应收账款保理”融资放款额超 1 亿元。

基于区块链的金融科技将打造了更可靠的金融风控体系，优化了营商环境，增强风险控制能力，推动构建可信高效健全的金融市场机制。

三、电网企业区块链技术运用法律风险防范

目前，大数据、云计算、人工智能等技术已经在法律科技领域得到了较为广泛的

应用。区块链技术在法律科技领域同样有着广阔的应用前景，对于提升法律实施效果有着潜在价值，也伴随着挑战。对电网企业来说，区块链技术应用带来的法律风险主要表现在以下方面。

（一）区块链与证据保存

区块链因其本身具备不可篡改、可追溯特征，极适合与电子存证相结合，存证也因此成为区块链应用的典型场景之一。区块链技术对于解决传统电子证据的难题具有显著的应用价值。一方面，区块链技术的链式结构、分布式储存、时间戳技术和不对称加密技术可以确保电子证据储存和传输的安全性，并且可以通过哈希值比对验证证据的完整性和真实性，从而弥补传统电子证据易篡改的缺陷，降低电子证据的真实性证明成本，有效替代公证机构的公证职能，改变传统电子证据采信率低的现状；另一方面，区块链的分布式存储允许司法机构、仲裁机构、审计机构等多个节点在链上共享证据，理论上可以实现秒级数据传输，降低取证时间成本，优化仲裁流程，提高多方协作效率。

区块链存证与司法证明所要求的“准确无误”仍有差距。不应“神话”区块链存证，而应设置更周密严谨的证据规则。

（二）用户个人信息泄露

在智能合约的电力交易场景下，通常情况，区块链的节点进行商业交易无须公开信息，只依靠数字代码足以表明身份。但随着区块链应用业务承载量增多，智能合约下实行的场景应用，或通过技术关联、信息挖掘手段，可联系到参与者和用户在现实生活中的痕迹数据，可能映射出用户真实身份。因此，如何加强区块链技术用户隐私保护，不仅是一个技术难题，更是重要的法律问题。

（三）从“代码即法”到“法即代码”，区块链对法律的颠覆与重构

区块链技术的发展和广泛应用将导致代码这一网络空间“架构”快速扩张，从而在更大程度上取代传统法律的功能。区块链与法律的深度融合还将导致“代码即法”进一步向“法即代码”转变，代码将不仅仅是执行法律的工具，而将成为定义及阐释法律的手段，法律规则和技术规则的界限将更加模糊。电力企业在应用区块链技术的过程中，必须重视对术语和各类规程的定义和解释工作。

第四节　充电设施建设

一、电动汽车充电设施概述

电动汽车充电设施是指为电动汽车提供电能补给的各类充换电设施，是新型的城

市基础设施，主要包括各类集中式充换电站和分散式充电桩。其中，集中式充换电站包括公交车充换电站、出租车充换电站、专用车充换电站、城市公共充电站、城际快充站等；分散式充电桩则包括内部专用充电桩、私人自用充电桩等。根据充电服务接受对象的不同，还可以划分为自用充电设施、专用充电设施、公用充电设施。电动汽车充电设施对于电动汽车入网而言是十分重要的，它更是电动汽车与未来智能电网之间的衔接中的一个重要环节。充电设施的选择，将会对电动汽车的充电方式、行为的时空分布以及运营模式起到决定性作用。

二、充电设施建设

过去较长的一段时间内，我国充电设施建设发展缓慢，数量缺乏且分布不平衡，电动汽车行业的发展进入瓶颈期。为大力推广电动汽车，我国顺应时代发展，借鉴国外先进技术及经验，于近几年大力发展充电设施建设，2015 年紧密发布了许多推动充电设施建设的利好政策。在国家法律与法规的制定方面，国务院办公厅印发的《关于加快新能源汽车推广应用的指导意见》中鼓励电动汽车充电设施的建设，制定了充电设施发展规划和技术标准并完善了城市规划等相应标准。其主要包括 3 个方面的亮点：①加速设施建设。设施建设能够为电动汽车充电提供良好的平台，同时也能够解决当前电动汽车协调推进难度大、标准规范不健全等问题。②统一充电标准。标准的统一能够为充电设施的产业化和规模化运作提供可能性，加快社会对于基础设施建设的进程。③完善扶持政策。用户居住地是新能源汽车充电的重要场所，也是当前充电设施建设的难点之一。没有良好政策的扶持，对于电动汽车基础设施的建设将会陷入僵局。在地方立法规范中，依据《上海市鼓励电动汽车充换电设施发展暂行办法》相关规定，应当按照“桩随车走、按需配置”原则建设的自用、专用充电设施，同时按照“合建为主、单建为辅”原则建设的公用充电设施。该规定因地制宜地解决了不同类型的居住区域充电设施建设的问题，协调了单位供电与个人用电之间的矛盾。

在政策的制定上，《关于加强城市停车设施建设的指导意见》（发改基础〔2015〕1788 号）明确，营造良好的市场化环境，充分调动社会资本积极性，加快推进停车设施建设，从而有效缓解停车供给不足，实现停车规范有序，改善城市环境。更是鼓励停车场能够按照一定的比例进行电动汽车的充电设施配给，推动停车智能化信息化。各地加快对城市停车资源状况摸底调查，建立停车基础数据库，第一时间进行数据更新，并且开放对外共享；促进打表停车、智能停车诱导、自动识别车牌等系统的开发以及应用；加强不同停车管理信息系统的互联互通、信息共享，促进停车与互联网融合发展，支持移动终端的互联网停车应用的开发和推广，鼓励出行前进行停车查询、车位预定，实现自动计费支付等功能，让停车资源的利用率得到提升，减少因寻找停车泊位诱发的交通需求。2015 年 9 月 29 日，国务院办公厅发布了《关于加快电动汽车充电基础设施建设的指导意见》（以下简称《指导意见》），使困扰电动汽车发展的充电基础设施建设终于在国家层面有了主张。《指导意见》指出，认识不统一、配套政策不完善、协调推进难度大、标准规范不健全等问题，是目前电动汽车充电基础设施面临的主要问题。同时，充电基础设施建设也被提高到，对于打造大众创业、万众创新和增加公共产品、公共服务“双引擎”，实现稳增长、调结构、惠民生具有重要意义的高度。政策亮点：①对于新建的住宅在进行停车位的配建时，应 100%建设充电设施或预留建设安装条件。这就为充电设施在居民小区的推广应用留有一定的余地，起到了提前布局，合理规划的作用。②对于大型的公共建筑物配建的停车场或者是社会公共停车场在进行充电设施的建设时，相比于车位其比例不可低于 10%。该项规定能够有效解决电动汽车大规模推广之后对于停车位的需要，有利于资源的整合和利用。③每 2000 辆电动汽车至少配套建设 1 座公共充电站。公共充电站的建设能够为电动汽车提供充足的电力储能，解决电动汽车在行驶过程中电能不足的问题。④将单位配建充电设施情况纳入节能减排考核奖励范围。通过此项考核制度的建立与完善，促使单位积极建设充电设施，既解决了单位职工电动汽车用电的问题，也有利于单位自身节能减排工作的开展。⑤个人在自有停车库、停车位，各居住区、单位在既有停车位安装充电设施的，无须办理建设用地规划许可证、建设工程规划许可证和施工许可证。该项规定明确了充电设备用地的性质与程序制度，能够有效提升居民小区建设公共充电设备的积极性。⑥鼓励设立充电基础设施发展专项基金，发行充电基础设施企业债券。基金和债券产品的推出是充电基础设施建设与个人理财的一个有机结合，同时也是促进社会利益平衡的方式路径。⑦探索利用基本养老保险基金投资支持充电基础设施建设。充电基础设施的建设需要大量资金的支持，在建设完成之后也将会产生巨大的经济效益，将基本养老保险基金投资于建设该项活动，能够实现两者的双赢。

三、充电设施建设法律制度

（一）充电设施运营相关资质

1. 充电设施运营商资质

各地方政府对充电设施运营商采取不同管理制度。如福建、云南、湖南、河南等省份制定地方政府规章，对充电设施运营商采取备案管理制度，并定期向社会公布符合条件的运营商名单。虽然各地方规定存在差异，但在设置充电设施运营商准入条件时均需重点关注注册资本、专职运行维护人员、完备的充电设施管理系统和智能服务平台、完善的充电设施运营管理制度等问题。

2.（配）售电业务资质

一般而言，充电设施运营商通过自身配电网对外输电、售电，需申请取得电力业务许可证（供电类）；充电设施运营商接入电网企业的配电网，通过电网企业的配电网对外输电、供电，则无须单独申请电力业务许可证（供电类）。

3. 电工进网作业许可证/特种作业操作证（电工）

在 2017 年 9 月之前，充电设施运营商聘用的负责充电设施安装、试验、检修、运行等作业的专业人员，需申请取得电工进网作业许可证，有效期为 3 年。从 2017 年 9 月起，取消电工进网作业许可证的核发，由安全监管部门考核发放特种作业操作证（电工）（或称电工作业证）。根据《国家安全监管总局关于做好特种作业（电工）整合工作有关事项的通知》相关规定，2017 年 9 月前颁发的电工进网作业许可证在有效期内继续有效，有效期届满前由申请人或申请人用人单位向从业所在地省级安全监管部门申请换发特种作业操作证（电工）。

（二）充电设施建设的财政补贴制度

财政补贴制度是对国民经济和社会生活进行调控的一种手段，电动汽车充电设施产业是一项投资大、成本高、回报周期长的新型产业，产业发展相对缓慢。为鼓励和支持电动汽车充电设施产业的发展，中央和地方实施了一系列促进电动汽车充电设施快速建设和规范运营的财政补贴政策。

2014 年 11 月 18 日，国家发展和改革委员会、财政部、科技部以及工业和信息化部发布了《关于新能源汽车充电设施建设奖励的通知》），提出要对新能源汽车普及应用成果突出的城市和地区提供充电设施建设的财政奖励，财政奖励资金要与各地新能源汽车推广数量的完成情况直接挂钩。《关于新能源汽车充电设施建设奖励的通知》指出，对新能源汽车推广成效突出的城市按照推广数量给予 1000 万元到 1.2 亿元的财政奖励，奖励金发给地方政府用于支持鼓励充电设施的快速建设和规范运营。而后，四部委联合国家能源局在发布的《关于“十三五”新能源汽车充电设施奖励政策及加强新能源汽车推广应用的通知》中又进一步强化了省级人民政府的主体责任，将奖励条件设置为：①新能源汽车的普及要满足一定数量要求；②各地必须制定出台新能源汽车普及应用实施方案和充电设施建设运营管理办法，并且上报五部门备案；③充电设施服务运营市场必须公平开放，地方政府不得区别设置市场准入门槛。我国充电设施建设和运营的中央奖励金直接针对的是省（区、市）政府，且规定该项资金只能用以支持充电设施快速建设和规范运营的需要。

（三）充电设施建设和运营的标准制度

标准制度是保证电动汽车充电设施建设工程质量、提高我国电动汽车充电设施相互连通程度的重要制度，并对电动汽车充电设施的快速建设和规范运营提供标准支撑。

电动汽车充电设施建设和运营的标准主要体现为《电动汽车充电设施规划导则》《电动汽车充换电设施建设技术导则》《电动汽车充换电设施工程施工和竣工验收规范》和《电动汽车充换电设施运行管理规范》。

1. 标准体系

我国电动汽车充电设施的标准体系是在国家、行业和企业层级属性的基础上按照用途不同所划分的8个具体类别，其中，从内容上看，与电动汽车充电设施建设和运营相关的标准主要包括充电设施运行管理标准和施工与验收标准。运行管理标准主要包括电动汽车充电设施的运行管理职责、运行管理要求和运行管理方法。运行管理标准要求充电设施运行部门必须建立轮值巡视制度、设施缺陷管理制度和设备台账管理制度。运行管理人员应严格遵守交接班手续，做好正常巡视以及特殊天气和情形的巡视工作，制定充电操作规程指导书，准确填写运行数据记录。此外，消防安全标准还要求每月对充电设施配备的消防设施进行隐患排查和按期记录。施工与验收标准主要包括施工与验收的内容、施工与验收的方法和施工与验收的依据。从供电系统、充电系统、监控系统以及土建和配套设施4个方面对施工与验收做出要求。并对施工过程中涉及的电缆铺设、土方工程、附属建筑物、电气照明装置以及计算机网络通信等都作出较为详细的要求。此外，还明确了申请验收需要同时提交制造厂提供的产品说明书和合格证书、相关设备出厂验收报告、安装记录和调试报告等，并填写竣工验收报告。

2. 标准制定机构

电动汽车充电设施建设和运营有关标准的制定组织机构有3个。①根据2017年最新修改的《中华人民共和国标准化法》规定，由国家标准化管理委员会负责制修订国家标准及其审核批准。其中，内设机构工业标准二部是负责电力相关行业的国家标准的指导和审查。②由全国汽车标准化技术委员会电动车辆分标委负责电动车辆领域标准制订和备案，主要承担了充电系统及接口的标准化任务。③隶属于国家能源局管理的能源行业电动汽车充电设施标准化技术委员会，专门负责电动汽车充电设施建设运营标准以及动力储能装置应用标准的制修订。

（四）充电设施的电价制度

2014年由国家发展和改革委员会颁布的《关于电动汽车用电价格政策有关问题的通知》确立了电动汽车充电设施的电价制度，通过调整和指导用电价格和运营服务费用对电动汽车充电设施的运营予以支持。我国现行的电动汽车充电设施电价制度包括充电电价和充电服务费两方面内容。

1. 充电电价

充电电价是指电动汽车充电设施用电享受专项扶持电价，并且按照电动汽车充电设施场所的不同实施有差别的用电价格。具体内容是针对非公益性、规模集中式的电动汽车充电设施用电适用大工业电价而非商业电价，且在 2020 年前暂时免收基本电费；针对个人家庭自用充电设施以及住宅小区充电设施按照居民用电价格收取；针对机关单位专用充电设施和公用泊车位充电设施用电适用一般工商业及其他类用电价格；另外，为引导电动汽车充电设施有序充电，避免因充电设施大规模用电导致电力供应不足的情况发生，执行峰谷分时电价政策。

2. 充电服务费

充电服务费是电动汽车充电用户在使用公共充电设施充电时应当缴纳的服务费用，由充电设施运营企业进行收取，且在 2020 年之前由政府进行指导价管理。充电服务费主要体现在各地发展和改革委员会或物价局制定的《关于电动汽车充电服务费标准的通知》等规范性文件中。我国电动汽车充电服务费的标准内容可以归纳为以下 3 种：①设定充电服务费最高价格；②规定充电服务费最高价格且区分服务对象；③规定参考该地区成品油价，例如运城市规定每千瓦时充电服务费不得超过当天运城市 93 号汽油最高零售价的 15%。另外，充电服务费上限制定权属于各省级政府价格主管部门及其授权单位。

[实例 1]

国网浙江省电力有限公司先行示范建设具有中国特色国际领先的能源互联网企业。2020 年 6 月，国家电网有限公司宣布将国网浙江省电力有限公司作为“具有中国特色国际领先的能源互联网企业的示范窗口”,在浙江率先建设国际领先的区域能源互联网，全面支撑“重要窗口”建设。

随着经济进入高质量发展阶段，以及人民对美好生活需求的不断提高，浙江用电负荷和供电压力持续增大，以建设和扩张满足负荷和安全要求的传统电网发展模式，总是存在安全与效率的天然矛盾。而连续两年的工商业降电价和 2020 年阶段性降价，较大程度上影响了电网企业经营状况，依靠规模扩张来满足电力需求增长的模式不可持续。

国网浙江省电力有限公司在建设能源互联网形态下多元融合高弹性电网中，将充分发挥电网在连接电力供需、促进多能转换、构建现代能源体系中的枢纽作用，发挥其引领力、辐射力、带动力，打造能源互联新形态，构建能源互联网生态圈。具体来说，就是以技术支撑、市场推动、政策引导、智能创造、组织创新“五组赋能”，纵向融合源网荷储各环节要素，横向融合能源系统、物理信息、社会经济、自然环境各领域要素，发挥聚合效应，促使电网形态向具有高承载、高互动、高自愈、高效能四项能力的高弹性电网转变，实现海量资源被唤醒、源网荷储全交互、安全效率双提升的电网升级。

国网浙江省电力有限公司创新提出了包含弹性指数、能效指数、能量互联指数3项核心指数、近50项量化指标的高弹性电网指标体系，以弹性指数衡量电网互动水平、承载水平和自愈水平，以能效指数衡量效益释放、效能提升、市场开放和配套机制，以能量互联指数衡量资源配置水平、能源互联网演进程度和数字化支撑能力。

根据国网浙江省电力有限公司推进国家电网战略目标落地有关方案，到2020年底，浙江高弹性电网将具备全方位向能源互联网演进基础；到2023年，初步在浙江建成能源互联网的“展示窗口”，能源供需从“电力平衡”向“电量平衡”转变；到2030年，率先实现中国特色国际领先的能源互联网企业在浙江建成，支撑浙江非化石能源发电量占比达50%，电能占终端用能比例率先超过45%，单位GDP能耗达到国际领先水平，源网荷储四侧实现“即插即用”，冷热电气各种能源形成互联互动、高效耦合。

国网浙江省电力有限公司湖州供电公司研发的“智慧用能”App，串联起安吉乡村的农业生产、产业发展和农村生活等方方面面，成为安吉“乡村智慧能源大脑”。以安吉乡村电气化建设为蓝图，国网浙江省电力有限公司打造了可复制、可推广的乡村电气化全景式“安吉样板”，实现乡村用能省心、省钱又绿色。

[实例2]

湖州推动电力向绿色、低碳、生态转型，践行“绿水青山就是金山银山”理念。

国网浙江省电力有限公司湖州供电公司立足湖州生态优势，以“生态+电力”为路径，将电力工业发展与城市生态文明建设深度融合，加速构建清洁低碳、安全高效的能源体系，提升社会综合能效水平。

在清洁电源中，湖州家庭屋顶光伏发展速度较快。浙江省首先出台《家庭屋顶光伏电源接入电网技术规范》，提升了光伏项目接网实效，促进了产业健康发展。按照“最短停电时间、最有利作业方式、最优质供电服务”的要求，加强新能源发电项目配套工程建设，确保项目有序投产。同时《浙江省人民政府关于进一步加快光伏应用促进产业健康发展的实施意见》在湖州得到了很好落实，湖州全面推进百万家庭屋顶光伏工程，推行“全额上网”或“自发自用，余电上网”并网模式，湖州屋顶光伏大幅增长。据悉，2017年湖州市家庭屋顶光伏建成户数已经高达22721户。此同时，近年来湖州积极配合供区内统调火电厂搬迁，特高压入浙工程和新增500kV输变电顺利加快实施，使清洁电能输入比例进一步提高；通过建立新能源集中管控平台，实现了全市范围内所有并网光伏电站“可视、可监、可管”；利用地方蓄电池产业优势，启动蓄电池梯级利用的电网侧储能建设，为湖州当前及未来电力供应加速清洁化进程创造了有利的条件。

在实现绿色能源消费上，湖州的转型体现了本地特点，如布局电动汽车充电网络建设运营，打造港口岸电、“全电景区”“全电物流”等电能替代标杆项目和示范工程。同时，按照“站桩先行、适度超前”的总体要求，全力以赴推进电动汽车充电基础设施建设，重点在电动公交车专用充换电站、机关单位停车场及新建居住区加快充电设施建设。

国网浙江省电力有限公司湖州供电公司积极服务“美丽乡村”建设，持续提升配电网建设水平，助力改善村容村貌，释放农村用电需求。为适应分布式能源、清洁供暖、电动汽车等设施大规模发展，湖州深化配电网标准化建设、精益化运维、智能化管控，提高电网互联互供能力。同时，整合“新能源集中管控”“智慧电务”“车联网”3大平台数据，以电为中心进行用户侧大数据价值挖掘分析与综合应用，实现充电服务经营模式创新、客户用电感知提升。

随着风电、光伏等间歇性、随机性较大的装机建成并网，湖州利用地方蓄电池产业优势，启动蓄电池梯级利用的电网侧储能建设。还编制“风、光、储、充、配”综合供电方案，构建“源、网、荷、储、售”一体化能源互联网系统，推进多能耦合互补的生态能源系统建设。

第六章

电网企业内部管理法律问题

电网企业劳动人事管理的对象是作为企业核心资源的人，通过对其中法律风险的识别、预测和分析，从而控制和减少损失，提高电网企业的效益。

第一节 劳动人事管理

一、电网企业劳动合同

（一）电网企业招聘

1. 规范录用条件

电网企业设置招聘公告的录用条件要明确和具体，除了大部分企业岗位都需要的基本要求外，还应设置与每个岗位、职位匹配的专项要求，如专业证书和技术资格等，应聘者应符合岗位描述。电网企业可以通过招聘公告、劳动合同和企业规章制度对岗位职责进行明确的规定。同时，录用条件应公示，电网企业就有证据证明员工知道本单位的录用条件，通常有以下做法：①公示招聘公告，并采取一定方式予以固定；②在招聘时向应聘者明示录用条件，并要求其签字确认；③劳动关系建立以前，通过发送聘用函的方式向聘用者明示录用条件，并要求其签字确认；④在劳动合同中明确约定录用条件或不符合录用条件的情形；⑤在企业规章制度中对录用条件进行详细约定，将该规章制度在劳动合同签订前进行公示。

2. 依法进行入职调查

用人单位和劳动者都要秉承公平和诚实守信的基本理念来订立和履行劳动合同。电网企业应当告知劳动者工作内容、工作条件、工作地点、职业危害、安全生产状况、劳动报酬以及劳动者要求了解的其他情况。电网企业要求劳动者提供学历、外语水平、工作经历等与劳动合同直接相关的基本情况，劳动者应当如实说明。对于部分不诚信的劳动者，企业应当充分使用好法律赋予的知情权，依法进行入职调查，充分有效地了解员工，将法律风险控制在劳动合同订立之前。入职调查着重了解以下方面内容：

（1）劳动者的自然信息。如年龄、身体状况、职业技能水平、教育背景、工作经历等，这些信息直接关系到企业日常管理工作，应事先予以明确。

（2）了解劳动者当前劳动关系的状况。《中华人民共和国劳动合同法》并不禁止双重劳动关系，只是在因双重劳动关系给用人单位造成影响且达到严重的情况下，用人单位才可以解除劳动合同。用人单位招用尚未解除劳动关系的劳动者给原用人单位造成经济损失的，依法承担连带赔偿责任。双重劳动关系对于商业和技术秘密的保护有不利影响，所以用人单位应加以关注。

电网企业可以主动要求劳动者出具离职证明单，也可以向其前任职企业进行询问查证，或通过专业机构进行应聘者背景调查。也可以通过在劳动合同中约定，如果员工与其他企业尚存劳动关系成有相关法定或约定责任时，视为不符合录用条件，企业可以在试用期解除劳动合同，也可以在试用期后以员工欺诈为由解除劳动合同。另外，企业也可以与劳动者约定，若因此导致企业承担连带责任的，这种损害赔偿责任由企业先行承担后，可以向员工进行追偿。

（二）劳动合同的签订

1．依法和全部员工签订劳动合同

电网企业的部分临时性或辅助性的岗位，可能存在劳动合同签订率低的情况。主要集中在流动性较强的岗位（如保洁、保安等后勤岗位）和缺员岗位（如一线检修岗位）。这种现象的产生，主要有3种原因：①一部分人员属下岗职工，劳动者本人与原单位未解除劳动合同，不能提供与原单位解除劳动合同的证明；②一部分岗位人员流动性大，导致企业不愿意签订书面协议，以此来规避保险缴纳义务；③一部分劳动者本人具有一技之长，在单位属技术骨干，签订劳动合同从某种程度上变成了制约他们业务自由的因素，因此这些职工不愿意与企业签订劳动合同。以上用工行为已经违背了《中华人民共和国劳动法》的规定，企业的法人代表将面临受到行政处罚的处境。若双方发生劳动争议，企业方败诉无疑，还要支付经济补偿金。

2．依法履行员工告知义务

依据《中华人民共和国劳动合同法》第二十六条规定，以欺诈、胁迫的手段或者乘人之危，使对方在违背真实意思的情况下订立或者变更劳动合同的劳动合同无效或者部分无效。用人单位和劳动者未履行告知义务，故意告知对方当事人虚假的情况，或者故意隐瞒真实的情况，使对方当事人作出错误的意思表示而订立的劳动合同，为无效劳动合同。依据第八十六条规定，劳动合同依照《中华人民共和国劳动合同法》第二十六条规定被确认无效，给对方造成损害的，有过错的一方应当承担赔责任。电网企业在人事管理工作具有主动告知的义务，即不管劳动者是否提出要求，电网企业都应当主动告知。所以，用人单位不仅应当履行告知义务，还应当保留已经如实告知的书面证据。从举证角度出发，可在劳动合同中约定乙方（劳动者）已向甲方（用人单位）充分了解工作内容、工作条件、工作地点、职业危害、安全生产状况、劳动报酬以及其他有关情况，自愿签订本合同。

3. 签订个性化的劳动合同

电网企业应当根据本行业、企业的特点，设计最能有效服务于本企业的劳动合同文本，制定本企业的规章制度和员工手册。避免单纯套用劳动法律法规或上级单位的规定，应根据不同员工的背景和特点，设计最能有效维系双方劳动关系的劳动合同文本。如果员工是高级管理人员、高级技术人员以及其他知悉本单位商业秘密的人员，一旦跳槽，很可能会泄露本单位的技术或商业秘密，从而给企业造成重大损失。所以，企业在与此类员工签订劳动合同时，应考虑与其签订保密和竞业禁止条款。如果员工是专业精英或行业稀缺人才，一旦离开，企业可能很难在短时间内招聘到同等水平的合适人选，那么企业在制定劳动合同时就可以考虑多设置一些对员工有利的条款。企业可以制定出几类不同的劳动合同文本，在与劳动者签以及续签劳动合同时，通过对每个劳动者的调查、了解，对应不同的对象，根据不同的情况，签订不同文本的劳动合同。

（三）劳动合同期限

依据《中华人民共和国劳动合同法》第十二条规定，劳动合同分为固定期限合同、无固定期限劳动合同和以完成一定工作任务为期限的劳动合同。固定期限劳动合同是指用人单位与劳动者约定合同终止时间的劳动合同，具体是指劳动合同双方当事人在劳动合同中明确规定了合同效力的起始和终止的时间。劳动合同期限届满，劳动关系即告终止。无固定期限劳动合同是指用人单位与劳动者约定无确定终止时间的劳动合同。“无确定终止时间”是指劳动合同没有一个确切的终止时间，劳动合同的期限不能确定，但并不等于没有终止时间。以完成一定工作任务为期限的劳动合同是指用人单位与劳动者约定以某项工作的完成为合同期限的劳动合同。

依据《中华人民共和国劳动法》第二十条第二款规定，劳动者在同一用人单位连续工作满 10 年以上，当事人双方同意续延劳动合同的，如果劳动者提出订立无固定限期的劳动合同，应当订立无固定限期的劳动合同。这里签订无固定期限劳动合同须符合 3 个条件，即：在同一用人单位连续工作满 10 年以上；当事人双方同意续延劳动合同；劳动者提出申请。依据《中华人民共和国劳动合同法》相关规定，在以下情形可订立或应当订立无固定期限劳动合同：①用人单位与劳动者协商一致，可以订立无固定期限劳动合同；②劳动者在该用人单位连续工作满 10 年的，劳动者提出或者同意续订、订立劳动合同的，除劳动者提出订立固定期限劳动合同外，应当订立无固定期限劳动合同；③用人单位初次实行劳动合同制度或者国有企业改制重新订立劳动合同时，劳动者在该用人单位连续工作满 10 年且距法定退休年龄不足 10 年的，劳动者提出或者同意续订、订立劳动合同的，除劳动者提出订立固定期限劳动合同外，应当订立无固定期限劳动合同；④连续订立二次固定期限劳动合同，且劳动者没有《中华人民共和国劳动合同法》第三十九条和第四十条第一项、第二项规定的情形，续订劳动合同的，劳动者提出或者同意续订、订立劳动合同的，除劳动者提出订立固定期限劳动合同外，应当订立无固定期限劳动合同。

在上述②③④种情形下，劳动者提出或者同意续订、订立劳动合同的，用人单位没有选择权，必须签订无固定期限劳动合同。在实际中，电网企业应以书面形式向劳动者征询需订立哪种类型的合同，如劳动者同意订立固定期限劳动合同或主动提出订立固定期限劳动合同的，用人单位一定要保留劳动者同意的书面证据。

依据《中华人民共和国劳动合同法》第十四条第三款规定，用人单位自用工之日起满一年不与劳动者订立书面劳动合同的，视为用人单位与劳动者已订立无固定期限劳动合同。依据《中华人民共和国劳动合同法》第十条规定，建立劳动关系，应当订立书面劳动合同。用人单位自用工之日起满一年不与劳动者订立书面劳动合同的，虽然视为用人单位与劳动者已订立无固定期限劳动合同，但电网企业仍然需要和员工签订书面合同。

（四）劳动合同履行和变更

劳动合同一经签订就具有了法律效力，对合同双方当事人均具有约束力，当事人必须履行劳动合同中规定的义务。

用人单位和劳动者必须亲自签订劳动合同。劳动关系是具有人身关系性质的社会关系，劳动合同是有特定主体的合同。劳动者不应将由自己完成的工作交给第三方代办，用人单位也不能将本应由自己对劳动者承担的义务转嫁给其他第三方。只有双方当事人全面履行劳动合同义务才能保证合同目的的充分实现。劳动合同的全面履行要求劳动合同的双方当事人按照合同约定的时间、期限、地点，用约定的方式，全部履行自己承担的义务。劳动合同中任何条款的不履行、不适当履行都属违约，在没有免责事由的情况下，违约方都要承担相应的法律责任。

依据《中华人民共和国劳动法》和《中华人民共和国劳动合同法》的相关规定，用人单位与劳动者协商一致，可以变更劳动合同约定的内容。

（1）用人单位与劳动者协商一致，就劳动合同内容进行变更。用人单位与劳动者协商一致，就劳动合同的内容进行变更，并以书面的形式予以确认，这种劳动合同变更的情况一般不会产生争议。实际中出现口头协商一致但没有书面确认，或者双方默认的情况。如果当事人一方有充分的证据证明双方就劳动合同内容的变更达成一致，那么也可以认定劳动合同内容变更。电网企业在制定劳动合同或规章制度时，应该考虑到劳动合同内容变更的实际可操作性，并有针对性地进行约定，特别是对于工作岗位、劳动报酬、工作地点等敏感性条款，在制定合同时应该予以明确。

（2）用人单位在劳动者不能胜任工作、患病或者非因工负伤、医疗期满不能从事原工作等情形下，依法对劳动者进行调岗调薪。依据《中华人民共和国劳动法》以及相关规定，劳动者不能胜任工作，用人单位可以对劳动者调整工作岗位。在适用此规定时，要注意证据的保留，用人单位要负责举证证明劳动者不能胜任工作。证据主要从劳动者所在岗位的职责与要求，劳动者的日常工作业绩、考核标准和考核流程等方面收集。对于非因工负伤、医疗期满后不能从事原工作的劳动者单位可以另行安排工作，用人单位可以依此对劳动者进行调岗，并进行相应的调薪，用人单位应该注意证据的保留，要有证据证明劳动者不能从事原工作。

（五）事实劳动关系

依据《中华人民共和国劳动合同法》第十条规定，已建立劳动关系，未同时订立书面劳动合同的，应当自用工之日起 1 个月内订立书面劳动合同。第十四条规定，用人单位自用工之日起满 1 年不与劳动者订立书面劳动合同的，视为用人单位与劳动者已订立无固定期限劳动合同。第八十二条规定，用人单位自用工之日起超过 1 个月不满 1 年未与劳动者订立书面劳动合同的，应当向劳动者每月支付 2 倍的工资。用人单位违反本法规定不与劳动者订立无固定期限劳动合同的，自应当订立无固定期限劳动合同之日起向劳动者每月支付 2 倍的工资。

由此可见事实劳动关系分成以下 3 个阶段。

第 1 阶段：不违法阶段。即用人单位自用工之日起 1 个月内（含 1 个月）未与劳动者订立书面劳动合同，该 1 个月作为法律给予用人单位的宽限期属于法律承认，因而不违法。

第 2 阶段：一般违法阶段。即用人单位自用工之日起超过 1 个月内（不含 1 个月）但不满 1 年（不含 1 年）未与劳动者订立书面劳动合同，在此期间内，应向劳动者每月支付 2 倍工资。

第 3 阶段：严重违法阶段。即用人单位自用工之日起满 1 年（含 1 年）不与劳动者签订书面劳动合同的，视为双方已经签订无固定期限合同。

电网企业应采取措施避免事实劳动关系的出现，具体来说，有以下几种措施。

（1）在招聘中坚持“先签约，后入门”的招聘流程。实际中，有些企业为了方便考察招聘的新员工或因为工作效率等问题，采取的“先入门，后签约”的程序容易导致事实劳动关系。

（2）劳动合同到期预警制度。即通过一定的技术手段，使得本单位所有劳动合同在期限一定时间自动提示，避免用人单位因为疏忽未及时续签或终止合同导致事实劳动关系。

（3）补签劳动合同。当事实劳动关系已经形成，企业补救的方法就是积极与劳动者协商，要么协商终止劳动关系，要么协商补签劳动合同。

（六）劳动合同解除

用人单位单方面解除劳动合同主要包括用人单位过错性解除和非过错性解除。

1. 过错性解除

员工在有严重过错的情况下，用人单位可以随时通知解除，且不需支付经济补偿金。

（1）劳动者严重违纪。依据《中华人民共和国劳动合同法》第三十九条规定，劳动者严重违反用人单位的规章制度的，用人单位可以解除劳动合同。

电网企业运用此条款时应注意，员工只有达到“严重违纪”的程度，企业才能解除劳动合同。电网企业应当通过企业规章制度对“严重违纪”予以界定，在规章制度中列明哪些行为属于禁止行为，同时明确违反此项规定企业有权解除劳动合同。

（2）劳动者造成重大损害。依据《中华人民共和国劳动合同法》第三十九条规定，劳动者严重失职，营私舞弊，给用人单位利益造成重大损害的，用人单位可以解除合同。

电网企业应注意“劳动者造成重大损害”包括“严重失职”和“营私舞弊”两种情况，严重失职包括故意和重大过失。对于重大损害的存在，企业应承担举证责任，因此，企业规章制度中对于“重大损害”应有明确的界定。劳动仲裁委员会和法院对重大损害有认定权。

（3）劳动者建立双重或者多重劳动关系。根据《中华人民共和国劳动合同法》的相关规定，用人单位以劳动者存在双重或者多重劳动关系而解除劳动关系的应符合下列条件：劳动者与其他单位建立了双重或多重劳动关系；对完成本单位的工作任务造成了严重影响；虽未造成严重影响，但经用人单位提出拒不改正的。

（4）劳动者被追究刑事责任。劳动者被依法追究刑事责任包括 3 种情形：①被人民法院判处刑罚；②被人民检察院免予起诉；③因犯罪情节轻微不需要判处刑罚而被人民法院免予刑事处分。如果刑事案件还处于立案侦查、审查起诉或审理阶段均不属于被追究刑事责任的情形，不能在这个时候依本条解除劳动合同。

（5）劳动者原因致使劳动合同无效。劳动者以欺诈、胁迫的手段或者乘人之危，使用人单位在违背真实意图的情况下订立或者变更劳动合同的，劳动合同无效或部分无效。

2. 非过错性解除合同

（1）非过错性解除合同的条件。

1）劳动能力缺失。依据《中华人民共和国劳动合同法》第四十条第一款规定，劳动者患病或者非因工伤，在规定的医疗期满后不能从事原工作，也不能从事由用人单位另行安排的工作的，用人单位可以解除合同。

电网企业在运用“劳动能力缺失”条款时应把握以下条件：①劳动者享受医疗期是基于患病或非因工伤；②劳动者用尽了所有医疗期，如果医疗期没有用尽，劳动者在劳动能力缺失的情况下可以继续申请享受医疗期；③劳动者医疗期满不能从事原工作，也不能从事用人单位安排的其他工作。电网企业应保留相应的证据。

2）工作能力不足。依据《中华人民共和国劳动合同法》第四十条第二款规定，劳动者不能胜任工作，经过培训或者调整工作岗位，仍不能胜任工作的，用人单位可以解除合同。

电网企业运用“工作能力不足”条款应注意：①员工不能胜任工作；②用人单位对其进行培训或者调整工作岗位；③进过培训或者调整工作岗位后仍然不能胜任工作。以上三点，电网企业应注意保留证据。

3）情势变更。依据《中华人民共和国劳动合同法》第四十条第三款规定，劳动合同订立时所依据的客观情况发生重大变化，致使劳动合同无法履行，经用人单位与劳动者协商，未能就变更劳动合同达成协议的，用人单位可以解除劳动合同。

电网企业运用“工作能力不足”条款应注意：①客观情况发生重大变化，一般包括不可抗力和用人单位重大搬迁、被兼并收购、重大资产转移等；②客观情况发生重大变化必须导致原合同无法履行；③用人单位与劳动者就变更劳动合同内容进行协商，但未达成一致协议。

（2）非过错性解除劳动合同的程序。当出现了劳动合同法规定的情况，用人单位可以解除劳动合同。用人单位非过错性解除劳动合同，应当提前30日以书面形式通知劳动者本人或者额外支付劳动者1个月的工资。用人单位应当在解除或者终止劳动合同时出具解除或者终止劳动合同的证明，并在15日内为劳动者办理档案和社会保险转移手续，对已经解除或者终止的劳动合同文本，保存2年以上备查。用人单位可以要求劳动者按照双方的约定，遵循诚实信用的原则办理工作交接，用人单位支付经济补偿，在劳动者办完工作交接手续时支付。

（3）非过错解除的适用范围。依据《中华人民共和国劳动合同法》第四十二条规定，劳动者有下列情形的，用人单位不能非过错性解除劳动合同：①从事接触职业病危害作业的劳动者未进行离岗前职业健康检查，或者疑似职业病病人在诊断或者医学观察期间的；②在本单位患职业病或者因工负伤并被确认丧失或者部分丧失劳动能力的；③患病或者非因工负伤，在规定的医疗期内的；④女职工在孕期、产期、哺乳期的；⑤在本单位连续工作满15年，且距法定退休年龄不足5年的；⑥法律、行政法规规定的其他情形。

3. 经济性裁员

依据《中华人民共和国劳动法》第二十七条规定，用人单位濒临破产进行法定整顿期间或者生产经营状况发生严重困难，确需裁减人员的，应当提前 30 日向工会或者全体员工说明情况，听取工会或者职工的意见，经向劳动行政部门报告后，可以裁减人员。根据法律规定，裁减人员 20 人以上或者裁员不足 20 人但占企业职工总数 10% 以上的，属于经济性裁员。依据《中华人民共和国劳动合同法》第四十一条规定，裁减人员时，应当优先留用下列人员：①与本单位订立较长期限的固定期限劳动合同的；②与本单位订立无固定期限劳动合同的；③家庭无其他就业人员，有需要扶养的老人或者未成年人的。用人单位依照本条第一款规定裁减人员，在 6 个月内重新招用人员的，应当通知被裁减的人员，并在同等条件下优先招用被裁减的人员。

依据《中华人民共和国劳动合同法》第四十二条规定，劳动者有下列情形之一的，用人单位不得经济性裁员：①从事接触职业病危害作业的劳动者未进行离岗前职业健康检查，或者疑似职业病病人在诊断或者医学观察期间的；②在本单位患职业病或者因工负伤并被确认丧失或者部分丧失劳动能力的；③患病或者非因工负伤，在规定的医疗期内的；④女职工在孕期、产期、哺乳期的；⑤在本单位连续工作满 15 年，且距法定退休年龄不足 5 年的；⑥法律、行政法规规定的其他情形。

（七）员工离职

员工离职分为被动离职和主动离职，“被动离职”是指用人单位单方面解除劳动合同，“主动离职”是指劳动者单方面解除劳动合同。本节主要探讨劳动者单方面解除劳动合同。

《中华人民共和国劳动合同法》倾向于对劳动者的保护，使得劳动者解除劳动合同相对容易，在一定程度上增加了用人单位的用人成本。员工不需要离职原因，只要提前 30 天以书面形式通知用人单位就可以解除劳动合同；企业不能以脱密期为理由限制员工辞职；对于企业未依法缴纳社会保险费或违反规章制度的行为，员工可以随时提出辞职；除企业出资培训或掌握商业秘密的员工外，原则上不能向员工收取违约金。

（1）加强商业秘密的管理。商业秘密是企业重要的知识产权，是企业创造财富的重要工具，如果掌握商业秘密的员工离职到竞争对手公司，将会给企业带来损失。我国《中华人民共和国民法典》《中华人民共和国反不正当竞争法》《中华人民共和国刑法》等法律法规都对侵犯商业秘密的行为应承担的法律责任作出了规定。

电网企业应把防止商业秘密泄露作为管理重点，使得能给企业带来经济效益的信息不受到侵害。电网企业应结合自身实际情况，制定保密措施，对员工进行保密教育，提高保密观念，增强保密意识；把具备商业秘密特征的商业信息向有关人员明确，并作出标识；同接触到商业秘密的人员签订保密协议，明确保密职责；当同商业伙伴合作时，签订保密协议；对符合专利申请条件的技术方案申请专利保护，防止竞争对手通过反向工程获得商业秘密。

《中华人民共和国劳动法》和《中华人民共和国劳动合同法》都规定了竞业禁止，适用于高级管理人员、高级技术人员和其他知悉本单位商业秘密的劳动者。竞业禁止协议是指企业与离职员工约定在某特定的期限内不得到竞争对手企业工作或进行竞争性的营业活动。公司与员工签订竞业禁止协议应有经济补偿的约定。

（2）严格遵循员工离职的程序。员工主动离职，企业的风险较小，不需要支付经济补偿金。企业应注意保留员工辞职的证据，避免发生争议。在员工的通知辞职书中，应要求注明辞职是基于员工个人意愿。注意不能出现有企业违法、企业强迫辞职等内容，否则员工的辞职将会变成企业解雇性离职，企业需要支付经济补偿金。对于协商解除协议中，应明确解除性质为协商解除外，解除的动议由员工提出。

（八）劳动合同终止

劳动合同终止是指劳动合同的法律效力依法被消灭，即劳动合同所确立的劳动关系由于一定的法律事实的出现而终结。

依据《中华人民共和国劳动合同法》的相关规定，劳动合同到期终止后，除企业提高或维持原有的劳动待遇与劳动者续订而员工拒绝外，均应按照员工的实际工作年限支付经济补偿金。

电网企业在处理员工劳动合同终止事项时，要注意依法操作，避免法律风险的产生。企业需要书面确认劳动合同到期后员工的续签意向，并注明不降低其薪金待遇，若员工拒签，则要求其签署确认文书，否则将面临支付经济补偿金的风险。

1. 劳动合同终止的事由

（1）劳动合同期满。这是劳动合同终止的最常见事项，只发生在固定期限劳动合同和以完成一定工作为期限的劳动合同。

（2）劳动者开始依法享受基本养老保险待遇。劳动者依法享受基本养老待遇意味着劳动者的身份从劳动者变成养老者，劳动合同自然终止。“劳动者依法享受基本养老待遇”和“劳动者达到法定退休年龄”并非完全相同，电网企业为了避免在劳动争议中的被动局面，可以适当提前为劳动者办理退休手续，以确保“劳动者达到法定退休年龄”和“依法享受基本养老待遇”的一致性。

（3）劳动者死亡或者被人民法院依法宣告死亡或宣告失踪。劳动者死亡意味着劳动者作为劳动合同主体地位的消亡，劳动合同自然终止，宣告死亡可以发生和自然死亡同样的法律后果。宣告失踪的劳动者实际上已经不能履行劳动合同，也应视为劳动合同终止。

（4）用人单位主体资格消失。用人单位主体资格消失的情况主要包括，用人单位被依法宣告破产、用人单位被吊销营业执照、责令关闭、撤销或者用人单位决定提前解散。

2. 劳动合同终止的限制

《中华人民共和国劳动法》和《中华人民共和国工会法》规定了一些劳动合同终止的限制，主要是为了保护特殊劳动者的利益。具体如下：

（1）从事接触职业病危害作业的劳动者未进行离岗前职业健康检查，或者疑似职业病人在诊断或者医疗观察期的。

（2）在本单位患职业病或因工负伤并被确认丧失或部分丧失劳动能力的。

（3）患病或因工负伤，在规定的医疗期的。

（4）女职工在孕期、产期和哺乳期的。

（5）在本单位连续工作 15 年，且距法定退休年龄不足 5 年的。

（6）正在担任平等协商代表的，延长至任期届满。

（7）正在担任兼职工会主席、副主席、委员，延长至任期届满。

（8）正在担任专职工会主席、副主席、委员、延长的期限等于其任期。

（9）法律法规规定的其他情形。

电网企业要正确判定符合劳动合同终止的情形。合同期满终止的，根据具体情况可以提前通知劳动者，最好在期限届满前将订立或确认手续履行完毕。电网企业要注意检查是否存在法定不允许的终止情形。为了避免风险，终止合同要采取书面形式，终止合同的通知必须送达员工。

二、劳动争议

劳动争议，指劳动者与用人单位之间在劳动法调整范围内，因订立、履行、变更、终止或解除劳动合同以及其他与劳动关系直接相联系的问题引发的纠纷。具体包括因确认劳动关系发生的争议；因订立、履行、变更、解除和终止劳动合同发生的争议；因除名、辞退和辞职、离职发生的争议；因工作时间、休息休假、社会保险、福利、培训以及劳动保护发生的争议；因劳动报酬、工伤医疗费、经济补偿或者赔偿金等发生的争议；法律、法规规定的其他劳动争议。

电网企业应加强劳动仲裁时效意识，依据《中华人民共和国劳动争议调解仲裁法》的相关规定，劳动争议申请仲裁的时效期间是 1 年，仲裁时效期间从当事人知道或者应当知道其权利被侵害之日起计算。电网企业应避免因各方面原因导致丧失劳动仲裁时效。

发生劳动争议时，当事人对自己提出的主张有举证证明的责任。同时，考虑到用人单位作为用工方掌握和管理着劳动者的档案、工资、社会保险缴纳和劳动保护等情况和材料，劳动者一般无法取得或及时提供，因此法律对用人单位提供证据有特别的规定，若与劳动争议事项有关的证据由用人单位掌握和管理的，应由用人单位提供，用人单位不提供的，应承担不利的法律后果。

（一）遵守法律法规的规定

电网企业在依法处理人事劳动关系时，特别是在订立和解除劳动关系时，应严格遵守法律的实体性和程序性规定。电网企业要安排进行经常性、针对性的劳动法律法规的学习，熟悉劳动法律法规的操作技巧。

电网企业在劳动争议协商阶段应认清争议的性质，及时了解争议情况，分清争议是否属于劳动争议、是何种性质的劳动争议、其后果如何。了解员工本人意愿是解决争议的前提条件。为此，协商人员需要进行协商前的调查。协商人员在制定出初步协商目标后，应报请企业主管部门领导批示；或是领导将自定的目标与原则下达协商人员，双方就此目标达成一致。对于乐于达成的目标，必要时可以放弃；希望达成的目标，只在迫不得已的情况下放弃；必须达成的目标，则是即使协商不成也不能放弃的。

企业内部成立的劳动争议调解委员会，是相对独立的专门调解劳动争议的群众性组织。劳动争议调解委员会的组成人员结构、组成人员产生、组成人员的人数比例限定以及办事机构的设置，都应依照相关法律、法规执行。

（二）建立完善的劳动合同和规章制度

电网企业应建立员工书面劳动合同制度，及时和员工签订书面劳动合同，建立员工劳动合同档案，将员工劳动合同的订立、履行、变更、解除和终止建立详细记录。

规章制度的制定要遵循特定的民主和公示程序。应经过职工代表大会或者职工大会审议通过，否则会存在规章制度效力上的瑕疵。企业应及时依法更新本企业的相关规章制度，使之与不断调整和变化的法律法规保持一致。

对于企业出资培训或者掌握企业商业秘密的核心员工，需要订立培训服务期协议或者竞业禁止限制协议，进行专门化管理。对于试用期员工、“孕期、产期和哺乳期”的女职工、患病或非因工负伤处于医疗期的员工、非全日制员工等特殊情况的员工，企业也应专门管理。

（三）强化证据意识和程序意识

电网企业在从事劳动人事管理过程中，实际上是格式文书的制定者和保管者，因此法律对企业的证据要求严格。依据法律规定，如果由企业掌握和保管的证据，企业不能举证的，则应承担不利的法律后果。因此，电网企业要强化书面操作，依法留存备案材料作为劳动争议的证据。劳动合同的变更和解除都应通过书面形式进行签字确认和备案，以防范可能发生的潜在的风险。

《中华人民共和国劳动合同法》在很多部分注明了程序性的要求，比如，解除劳动合同要通知工会、非过错性解除合同要经过多个法律规定的步骤等，企业在日常处理员工关系时要遵循法律强制性规定的程序。

第二节 电网企业知识产权管理

企业知识产权创新保护是在市场经济的条件下以知识产权法律的形式对企业的无形知识财产进行管理的手段。目前企业知识产权的形式主要有专利权、商标权、著作权和商业秘密等，企业以此形成完整的知识产权的管理体系。企业可以利用知识产权提升核心竞争能力、引领技术市场，获得最大的经济效益，同时也应防御知识产权风险。在激烈的市场竞争环境下，特别是我国企业拓展海外市场的情况下，知识产权被诉侵权的风险也在增加。知识产权风险是指在一定区域、期限和环境下客观存在的，因依法被追究责任的（或者难以依法保障自身权利的）行为而导致费用、损失与损害产生的可能性。电网企业知识产权管理应形成专门化的管理体系，增强知识产权风险防范意识，加强对管理层的风险意识教育，预防知识产权法律风险的出现。

一、建立健全知识产权管理体系

电网企业的知识产权战略规划服务于企业的中长期发展规划，进行技术领域的专利布局，体现出知识产权的价值。知识产权优势应成为现代企业的核心竞争力。健全知识产权管理体系，明确知识产权的发展路径，调整优化知识产权制度的流程，进而提升专利的质量。

电网企业的专利申请大多数委托专利代理人完成，可能存在没有全面考虑企业技术的具体情况，权利要求上存在缺陷导致申请失败，或者为了获得授权而缩小权利要求，导致专利的保护范围过小等问题。同时，电网企业也可能在专利申请前缺乏对专利申请的整体布局，没有围绕核心专利申请外围专利以形成专利保护网防御体系。

电网企业应加强培养知识产权的保护意识，关注专利等无形知识财产的价值，逐步利用知识产权法律武器保护知识产权成果，履行授予知识产权的相关法律程序，保证任何可专利的发明得到确认。

电网企业根据实际情况，可以设立专门的知识产权管理机构，对企业的研发成果进行技术评价、专利布局规划，对企业的研发成果的保护方式和途径进行指导等。知识产权管理机构要配备专门的知识产权管理人员，包括技术人员、法律事务人员、管理人员和营销人员等，对企业的经济实力、技术竞争和经营情况等进行分析。通过专利情报检索等追踪国内外主要专利技术的发展动态，提供分析报告和法律预警等信息。

建立专利、商标、商业秘密、计算机软件等的保护制度和程序，使得企业对知识产权的保护制度化，建立和优化企业知识产权管理制度。

为加强企业的知识产权管理，国家电网有限公司制定了《知识产权管理办法》和《科技成果转化管理办法》。管理办法全面规范了专利申请、许可、转让及科技成果转化等流程，对知识产权实现了集团的统一管理和统筹应用。国家电网有限公司以知识产权集团化运作为原则，将总部作为专利权人，实施知识产权的集中管理；还建立企业级知识产权信息化系统，明确了各下属单位的专利数量、质量以及专利的产出效率等指标，成功实现了总部对各单位知识产权工作的统一管理。电网企业已经设立了知识产权领导小组，并设有知识产权办公室，还有必要进一步完善组织架构和管理制度，并加强人员培养，真正发挥知识产权管理机构的职责和作用。

二、加强科技成果孵化和转化平台建设

在技术成果的转化过程中，要注重知识产权战略的实际运用。技术成果一般是从高科技、高收入的国家和地区转移到低科技、低收入的国家和地区。专利技术转移战略应和知识产权管理相结合。在技术上占有优势的企业，在专利的法定有效期内，知识产权作为企业的无形财产在经营范围内流动，从高收入区向低收入区转移，就可以为企业获得利润。电网企业应注重科技成果的市场化，通过实施、转让和许可专利技术等方式实现专利技术的市场化和商业化。

目前电网企业科技成果的市场化程度不高，主要以内部推广的形式进行转化。以专利为例，专利的规划战略包括专利权的获得、运营和保护等，电网企业应建立专利转让与许可等相关措施，通过行之有效的激励机制，推动企业知识产权有效转化。在市场经济条件下，应建立职务知识产权权益的分配制度和对创新技术的评估，并保证具有操作性，鼓励高水平创新，使发明者获得发明收益。

电网企业的可持续发展和进步在于技术创新和科技成果运用，其中科技成果孵化、转化的平台建设尤为重要。电网企业通过开展孵化项目申报和评审、孵化项目的可行性论证、启动孵化基金、设立孵化机构等，形成核心技术。同时，借助知识产权制度，保护孵化平台，对孵化平台通过技术创新和改进获得技术产品进行知识产权化，使技术获得垄断性保护。这样既保护了技术开发者的经济利益，又能起到激励作用，平台产品的效益周期也会延长，从而能持续为企业创造利润。对于无法拥有的核心专利技术，可以通过引进原技术，在消化、吸收的基础上再创新，开发出围绕原专利技术的改进专利技术，形成对原专利技术包围的组合专利技术，然后可以通过交叉许可，取得技术和经济进一步发展的空间。

电网企业通过专利情报检索和分析，首先，可以确定主要技术领域内的主要竞争

对手，拥有专利的技术特征和专利对该领域未来发展的影响。其次，立足于信息源和参照源，寻找具备公司专利标准和要求的技术或产品资源，为出口和在海外发展业务提供决策依据。再次，在坚持自主研发的基础之上，追踪借鉴国际最先进技术，寻找有效占领市场的技术方案，以获得竞争优势。最后，通过专利等知识产权保护，寻找企业跨行业发展契机，使产品市场细分化得到有效支持。

电网企业应以市场经济的方式进行知识产权运营，对技术成果得到有效转化并产生良好经济效益的部门和员工进行奖励，以调动员工的积极性，建立专利运营的激励机制。

三、构建知识产权技术预防体系

现代技术的监视和控制功能已经成为预防技术含量高、专业性强知识产权侵权的手段。电网企业可以根据知识产权类型的不同特点，采取相应的技术措施。建立核心技术保护体系，构建理想的合作伙伴甄选模型，明确企业内部掌握技术的员工范围，建立核心技术在特殊使用范围下的价值评价。

根据合同需要，企业必须向对方提供的技术，要确保该技术仅限于合作范围内的企业使用，不得向第三方泄露，应签订明确的保护条款；对于企业主要向合作范围内企业提供的限定使用的技术，企业保护的主要手段是仅提供已经获得专利的技术；对于企业不向合作范围内企业提供的其他技术和知识，但是对方通过参与试验、接触企业内部文件、同员工交流、参加各种报告会等方式有可能获得的这些技术，保护的主要手段是签订限制性条款。此外，电网企业还可以积极运用计算机软件加密技术，对特殊研发区域或核心加工区域设置安全装置，实行保密区隔离，严格控制进出人员等。

企业技术人员对同样的技术问题，往往会使用以前做过的设计和技术解决方案，如果跳槽到同行业的其他企业，就有可能引起知识产权侵权的纠纷，特别是与原用人单位签订了保密协议的员工。为了防止员工使用原用人单位的商业秘密，包括技术信息和经营信息，避免知识产权随着员工的流动而流失，企业在招聘过程中就应该与雇员订立非竞争或非披露协议，以规范员工的职务行为，防范丧失技术秘密或商业秘密等知识产权的风险。

知识产权的保护应该纳入企业的日常科技和经营管理，企业与员工签订知识产权保护协议。根据知识产权的不同属性，划清职务成果与非职务成果的界限，明确知识产权的归属，确定双方的权利义务以及违反约定的法律责任和解决办法。对员工进行知识产权保护意识教育，形成知识产权保护的良好氛围。

根据企业知识产权目标和管理过程分析，明确核心专利技术的开发、应用和操作使用者，对使用者的标志和使用范围进行清楚地描述，对技术使用范围进行文字性规定。联络人员在事务性交往中应避免提供相关技术问题或谈论受保护的技术主题，技术人员则要注意不能泄露合作项目之外或者合同规定的范围之外的技术，管理人员在谈判过程中不能泄露企业的技术秘密。

为了防止出现人才流失和由此产生的技术等流失，企业应当以合同的方式与离职的高级管理人员约定竞业禁止内容，约定在一定时间内不能从事与原企业相同的业务。

四、建立健全知识产权风险防御性制度

为预防电网企业的知识产权风险，制度建设是最基本的措施。知识产权风险防御制度应融合到企业的整体管理制度之中，并突出自身的特点，主要包括对专利、商业秘密等知识产权运营的评估者和合作者进行调查；使已经取得知识产权及时获得保护；监控、追踪和排除侵权行为等制度内容。电网企业可以通过这些制度及时发现侵权行为，对侵权者发出知识产权侵权警告函，积极进行早期预防，防止侵权损失的扩大。当侵害程度已经超出了企业自身的防护能力时，则应及时寻求法律救济，并积极协助司法调查。

随着法律关系的日益复杂化，企业时刻面临着侵犯他人知识产权或者是被竞争对手侵权的风险。如果生产了明知侵犯他人知识产权的产品，一旦遭到对方的侵权诉讼，将给企业带来巨大的损失。因此，为了尽量避免侵权，当企业在决定是否投放一件产品或方法、注册专利时，首先应对可能面临的侵权风险进行评估。这涉及对现有的注册和在先技术的检索，并及时将其获取的专利信息向专利部门通报审查。事先把握被诉的风险总比事后遭遇法庭审理要好。权利人一旦发现审查结果是可能会导致专利侵权的，应立即考虑变更产品、获取许可或购买专利，甚至寻求撤销权利。

知识产权可以形成准入堡垒。我国专利法实行的是先申请原则，即使一方是较早开发出专利并使用在先，但若在申请程序上落后一步，便会导致其完全丧失知识产权。虽然电网企业已经建立了企业的知识产权战略，但是缺乏针对专利、商业秘密和著作权的具体实施策略，并没有根据企业不同发展阶段和发展目标提出有针对性的知识产权实施的组合策略。

对此，电网企业只有在知识产权战略管理上逐步深入和规范，确保自己公司的知识产权不往外流失、自己创造的知识产权不会丧失申请保护的机会、自己拥有的合法知识产权不会被他人侵犯，才能有效地规避被他人抢占知识产权的风险。

电网企业可以通过“专利联营”等手段，巧妙地将全球技术许可战略构建在技术标准战略中，形成一条“技术专利化—专利标准化—标准许可化”的链条，实现在技术和产品上的竞争优势。此外，企业专利技术还可以写入国家和国际标准，既抑制国外技术长驱直入，又可以通过交叉许可，以合理的、非歧视性条件从对手那里获得专

利许可，为减少支付专利使用费创造条件。

第三节 电网企业业务外包管理

一、电网企业业务外包的含义

企业业务外包是指企业在内部资源条件有限的情况下，仅将企业核心的业务保留，而将其他业务通过与外部专业资源整合，达到降低企业成本、提高企业经济效益、获得最大企业竞争优势的企业管理模式。

根据业务性质不同，电网企业业务分为核心业务、常规业务和其他业务。核心业务是指与企业核心竞争力直接关联的业务；常规业务是指与企业核心业务有关联但社会化程度较高的业务，或者在企业价值链中处于低端位置、一般具备劳动力密集型特征的业务；其他业务是指与企业核心业务无（弱）关联、社会化程度较高、人员流动频繁的业务，以及与企业核心业务有关联、但专业化程度非常高或升级换代频繁、维持该业务需投入大量成本的业务。核心业务不得外包，常规业务可根据各单位人力资源实际情况适度开展外包，其他业务宜推进外包。

电网企业的业务外包是企业减少用工总量、优化员工队伍结构、提高劳动效率、节约成本的重要措施。业务外包主要包括劳务外包和专业外包，承包单位通过签订业务外包合同，完成特定任务。劳务外包是指发包单位提供工作场所、机具设备、工器具、办公用品等，由承包单位安排相关人员按照发包单位的要求完成相应业务的外包方式；专业外包是指承包单位具备相应的承包资质与机具设备，独立完成业务的外包方式。

业务外包工作按照“谁主管业务，谁组织外包”的原则明确管理主体；按照“公平、公正、择优”的原则确定承包单位；按照“统一管理、规范流程、节约成本、有序实施、严格考评”的原则开展工作。

二、电网企业业务外包项目计划和预算管理

业务外包应明确区分定员范围内和定员范围外业务，分类制定计划，统一纳入年度预算统筹管理。同时，涉及专项计划的业务外包内容还应纳入综合计划管理。各省公司应根据国家电网有限公司综合计划、全面预算和人力资源计划的管理要求和流程，将业务外包内容纳入综合计划、全面预算和人力资源计划的编制上报范畴。

国家电网有限公司发展策划部、财务资产部、人力资源部应统筹考虑业务外包需求，协同开展综合计划、全面预算和人力资源计划审批。发展策划部和财务资产部在

开展各省公司综合计划和全面预算审批工作时，应就其中业务外包内容征求人力资源部和相关专业部门的意见。

各省公司在统一规范的业务外包招标采购过程中，要按照政府对输配电定价成本监审的要求，以自营成本为上限，根据当地劳动力市场情况，通过充分的市场竞争，核定各专业业务外包费用。各省公司在确定拟外包业务范围时，应综合考虑业务性质、人力资源配置现状、效率效益、承包商市场等情况，科学合理开展业务外包工作。核心业务不得外包，新增补人员主要充实核心业务岗位；总量超员单位应加强岗位能力培训，首先盘活人力资源存量，原则上不得业务外包；总量超员但结构性缺员单位或总量缺员单位，在用好主业人力资源存量和保证核心业务人力资源配置的基础上，适度开展常规业务外包，解决当前用工缺口，常规业务岗位新增补人员数量原则上不高于补员总量的10%；其他业务应在用好人力资源存量的基础上尽量推进外包，这部分业务原则上不再补员，新增用工需求通过业务外包解决。各省公司应综合考虑用工现状、承包商市场情况，稳妥推进业务外包工作。对于地域偏远、承包商市场欠发达的地区，应积极主动扶持、培育合格的业务承包商。

国家电网有限公司人力资源部在核定各省公司定员时应剔除外包业务对应定员（同时各专业按剔除数的3%～5%核定监管定员），并在此基础上下达用工和工资计划。各省公司应在综合计划和年度预算批复下达后一周内，将年度业务外包分解计划报国家电网有限公司人力资源部。国家电网有限公司人力资源部根据各省公司业务外包实施情况，制订差异化补员策略。各省公司业务外包计划执行情况应分类统计上报总部相应专业部门，专业部门汇总后应报国家电网有限公司发展策划部、财务资产部、人力资源部备案。

三、电网企业外包采购管理

（一）业务发包要求

（1）除国家以及国家电网有限公司规定应当公开招标的业务项目外，外包业务应根据业务性质，选择合适的非招标采购方式，即竞争性谈判、询价采购、单一来源采购等方式，履行法定采购程序来确定承包单位和外包价格。

（2）业务外包中所需物资采购管理按照国家电网有限公司有关规定执行。劳务外包原则上由发包单位负责采购；专业外包原则上由承包单位负责采购，但对于业务实施过程中所需使用量大、通用性较强的物资材料，可由发包单位统一采购后提供给承包单位，其余物资材料应包含在发包标的内。

（二）承包单位资质审查要求

（1）各级物资管理部门应根据年度业务外包采购计划，按照国家电网有限公司规定组织开展采购工作，由依法组建的评审委员会负责资质审查，确保承包单位具备相应的资质、资格和业务实施能力，作业人员应具备必要的作业资格，并通过发包单位组织的作业前培训及考试。

（2）对承包单位的资质审查分为企业资质、业务资质、安全资质、企业信誉、管理评价。其中业务资质、管理评价的审查由专业部门负责，安全资质审查由安全监察质量部门负责，企业资质、企业信誉的审查由物资供应部门牵头，财务、监察、审计等部门配合。相关审查标准由总部各专业部门依据职责分工统一制定。

（3）对承包单位的资质审查不得自行降低标准，不得简化审查手续，不得逾期办理。

（4）对于承包单位发生资质变更（资质降级和经营范围缩小）的，相关部门应重新对其进行资质审查、备案。对资质变化影响业务实施的，专业部门应及时通知发包单位。

四、业务外包实施管理

（一）业务外包的合同和协议

（1）外包业务确定承包单位后，各级发包单位应与承包单位、监理单位（如有）依法签订业务承包合同、监理合同（如需要）和安全协议（如需要）。安全协议（如有）作为业务承包合同的附件，随业务承包合同同步履行，严禁在没有合同的情况下实施业务。安全协议（如有）应符合国家及国家电网有限公司下发的相关要求。

（2）外包业务不得转包，分包按照法律法规和国家电网有限公司有关规定执行。

（3）各级发包单位应重点审查业务外包合同中工作内容、技术方案及违约责任等有关条款及安全协议（如有），落实安全质量要求。

（4）各级业务实施和监理单位（如有）负责按照专业要求，审查承包单位有关业务实施和安全保障的措施、方案等，明确具体安全措施和实施进度，提出对实施条件与安全管理界面的意见。

（5）监理单位应通过文件审查、签证、旁站和巡视等监理手段，实施业务外包的安全、质量、进度、资金控制监理；发包单位应督促监理单位动态核查进场承包单位和分包单位的人员配备、设备配置、技术管理、服务水平等实施能力，发现问题及时提出整改要求并实施闭环管理。

（6）各级发包单位应与承包单位及相关劳务人员签订保密协议，约定保密范围、内容及时效，对发生泄密行为的承包单位，必要时采取终止业务外包合同直至追究法律责任的措施。

（7）采取专业外包形式时，系统外承包单位禁止使用与国家电网标识完全一致或相似的标志标识；采取劳务外包形式时，系统外承包单位应按发包方的要求规范使用国家电网的标志标识，具体使用规定由专业部门确定。

（二）业务外包安全管理

（1）各级发包单位应通过资质审查、合同约束、教育培训、动态评价等机制，做好承包单位的安全监督，严禁以包代管、以罚代管。

（2）各级发包单位应督促承包单位履行自身应尽的责任和义务，对外包合同确定的目标进行跟踪和动态管理，及时预测和分析合同执行过程中的风险和偏差，提前采取预控措施。

（3）各级发包单位应在开工前对承包单位做好全面的安全和技术交底，严格审查实施方案、工艺标准、危险点预控措施；各专业部门和安全监察质量部门应对外包作业现场开展动态安全监督；监理单位应落实监理合同和安全协议（如有），严格关键环节旁站监理，及时发现安全问题并督促整改。

（4）各级发包单位应按照专业管理要求和工艺实施标准，抓好验收，加强作业质量管控。对安全风险和工艺要求较高的外包业务的重要环节要现场督察；对标准化程度较高的外包业务应定期进行抽查。检查中发现严重问题时，可以责令承包单位现场立即停工整顿，限期整改。

（5）监理单位负责审查承包单位的实施组织设计、重大技术方案、重大项目、重要工序、危险性作业、特殊作业的安全技术措施及现场等所涉及的安全文明作业和环境保护措施，并监督实施，必要时实行旁站监理和跟踪控制，发现问题及时督促整改，情节严重时下达停工令并及时向发包单位汇报。重大技术方案应报发包单位审查备案。

（三）业务外包质量管理

（1）外包业务质量管理应遵循国家、行业和发包单位的相关要求，承包单位对外包合同范围内的实施质量负总责，监理单位应认真履行监理合同规定的职责，对外包业务进行质量控制。

（2）属于专业外包的，发包单位应督促承包单位认真查勘作业现场，编制完整的实施方案，制订详细的质量控制措施，按照相关工艺标准开展工作，确保质量。

（3）外包业务验收实行闭环管理，验收中发现的缺陷应由承包单位在规定时间内完成整改，监理单位负责督促承包单位整改，并将整改情况书面反馈给发包单位，发包单位根据反馈情况组织复验，直至验收合格。

（四）业务外包进度管理

（1）外包业务的进度应严格按照合同约定进行，如遇不可抗力因素，承包单位应及时制定应对措施，并与修订后的进度计划一并报发包单位审核。

（2）各级供电企业应密切跟踪外包业务的进展情况，及时评估可能的违约风险，并指导承包单位采取防范措施。

（五）业务外包费用管理

（1）外包业务的费用发生应严格按照计划、预算安排和合同约定进行，如遇不可抗力因素，承包单位应及时制定应对措施，并与修订后的费用预算一并报发包单位审核。

（2）外包业务实施中应严格监管承包单位履约情况，并依据合同约定对承包单位的违约行为予以处罚。外包业务工作完成后，发包单位应及时组织项目结算，在质保期满并无质量问题后，方可支付质保金。

五、评价与考核

（1）外包业务评价。

1）各级发包单位应开展单一项目评估和年度综合评价，评价内容涉及质量管理、现场管理、工期及费用管理、资料管理等方面，考评结果报上级单位相关部门备案，为后期承包单位选择提供参考。

2）发包单位应建立完善各级、各类承包单位名录，并定期对履约情况开展质量评价。

（2）各级专业主管部门应定期开展本专业业务工作检查，检查结果纳入国家电网有限公司各级单位的绩效考核体系。

（3）在业务外包工作中，未按以下要求执行的，应对各级发包单位实施考核。

1）各级发包单位应及时掌握外包业务开展情况，对违反本规定的承包单位，责令其改进或停工整顿。严禁以包代管，由此造成的承包合同违约及经济损失应纳入考核。

2）各级发包单位应将承包单位的外包业务安全管理工作与相应的招标工作挂钩，对发生转包、违规分包或其他严重违反本规定的承包单位，视问题严重程度及时上报上级专业主管部门，在相应范围内的招标中对其进行评标扣分，或在一定时间内限制授予标包。

3）外包业务现场发生安全事故，必须按照国家和国家电网有限公司关于事故报告的有关规定及时逐级上报，严禁迟报、瞒报安全事故。

（4）外包业务安全事故和质量事件的调查处理，按照国家有关法律法规、国家电网有限公司安全事故及质量事件调查处理有关规章制度执行。国家电网有限公司将依据安全工作奖惩规定等有关规章制度，严肃追究责任单位和责任人。

[案例 9]

华锐风电科技（集团）股份有限公司（以下简称华锐风电）曾是国内最大的风力

涡轮制造商，在中国率先自主开发出全球领先的5MW、6MW系列风电机组；美国超导公司则曾是清洁能源领域的明星企业，并在美国纳斯达克上市。华锐风电曾是美国超导公司最大的客户，美国超导公司一度有约75%的收入来自华锐风电。但是这对曾经的合作伙伴却在2011年分道扬镳，并引发一系列知识产权纠纷。自2011年起，美国超导公司与美国超导公司在华子公司苏州美恩超导有限公司（以下简称美恩超导）先后在北京及海南提起多起针对华锐风电的知识产权侵权诉讼，指责华锐风电及其关联公司侵犯了其相关软件的著作权及商业秘密。与此同时，美国超导公司与美恩超导等还将华锐风电及其3名员工告上法庭，起诉其侵犯商业秘密。其中，在美恩超导起诉华锐风电侵犯计算机软件著作权案中，美恩超导索赔3780余万元；在华锐风电等被控侵犯商业秘密一案中，美国超导公司索赔29亿余元。

为了完全及最终解决与美国超导公司及其关联公司在国内发生的4起案件（2起仲裁、2起诉讼）的涉案争议，2018年7月4日，华锐风电与美恩超导、美国超导公司等共同签署了《和解协议》，并于同日支付了第一笔和解款。根据协议约定，2018年7月5日，美恩超导、美国超导公司等就其诉公司及公司3名员工的侵犯技术秘密及计算机软件著作侵权一案向法院提交了《撤回起诉申请书》。至此，两家风力发电领域的巨头之间的7年纠纷最终落下帷幕。

问　　题：在国际竞争中，企业的知识产权战略的重要性是什么？

法律解析：有些中国企业在自主研发过程中，没有很好的研发记录；或者在聘用技术人员时，未充分考虑被人起诉侵犯商业秘密的风险，事先做好风险防范和控制。对于准备开拓或者已经经营美国市场的企业来说，一定要熟悉了解在美商业秘密案件的程序和风险，做好人力和物力方面的安排，以提前防范和控制风险。

[案例10]

小周是某电力设备公司业务员，2015年其在与某公司业务往来中，主动要求对方给予回扣5000元，对方拒绝后，生意未做成，造成公司可得利润损失近25万元。公司知道后决定，提前解除与小周的劳动合同。该公司聘用制业务员奖惩办法规定因业务员原因造成直接经济损失2万元以上者，公司可以提前辞退。小周不服，向当地劳动争议仲裁委员会申诉，要求单位继续履行劳动合同。仲裁庭最终维持了企业的决定。

问　　题：企业规章中如何明确劳动者严重失职，徇私舞弊，给用人单位造成的“重大损害”？

法律解析：依据《中华人民共和国劳动合同法》第三十九条规定，劳动者严重失职，营私舞弊，给用人单位造成重大损害的，用人单位可以解除劳动合同。“重大损害”由用人单位内部规章来规定，若用人单位以此为由解除劳动合同，与劳动者发生劳动争议，当事人向劳动争议仲裁委员会申请仲裁的，由劳动争议仲裁委员会根据企业类型、规模和损害程度等情况，对企业规章中规定的“重大损害”进行认定。劳动争议仲裁委员会可以对其规章规定的重大损害进行认定。首先，用人单位必须对于员工的岗位、职责要明确；其次，“重大损害”的认定必须由写入企业的规章制度或员工手册内。不同的企业有不同的情况，如果没有规章制度规定的话，等于把对于“重大损害”认定的自由裁量权完全交给劳动争议仲裁委员会。

第七章

电力行业监管法律问题

第一节　电力行业监管概述

一、电力行业监管的概念

电力行业监管是指由政府或接受其授权的监管机构，对电力行业中国有和非国有的企业活动直接或间接的监督、控制。目前对我国电力行业有监管职能的监管主体主有国家能源局、国家发展和改革委员会、国务院国有资产监督管理委员会。电力监管的最终诉求就是保证市场秩序的稳定性，合理保障行业经营主体、投资方和用户的基本权益，促进行业的稳定进步。我国首个独立的电力监管机构即国家电力监管委员会于 2003 年成立，该机构主要负责落实国家电力监管具体工作。该机构的设立，标志着我国电力行业监管机构自主、专业开展工作的起步。2013 年，国家电力监管委员会被取消，之前的机构下属近 20 个机构分别被分派到国家能源局来重新接受管理。

电力市场的参与方和市场活动的关系是电力行业政府监管的重点工作，其关乎电力行业的方方面面，比如合同交易、服务水平、市场准入、电力质量以及电价、环境保护、转让权等。现阶段我国电力行业主要有以下几家大型发电集团，即中国大唐集团有限公司、中国国电集团公司、中国华能集团有限公司、中国华电集团有限公司、中国电力投资集团公司等。涉及电力行业输电、变电、配电和用电的公司主要是国家电网有限公司、中国南方电网有限责任公司和内蒙古电力（集团）有限责任公司。

电力企业的具体活动行为也需要受到政府监管，比如企业的项目规划、就业问题以及电力服务水平、电力品质等。由于电力行业有垄断性质，电力行业也有竞争环节与非竞争环节之分。对于非竞争环节，政府监管工作侧重于监管垄断性输配电方面，着重抑制企业随意垄断的情况，避免消费者的合法权益遭到损害；对于竞争环节，政府监管的重心就是对售电市场和发电市场提出严格、规范的准入要求并展开价格监管。

二、电力行业监管的必要性

电力产业是国家的基础性产业，它与社会发展和国民经济可持续发展密不可分。

电力产业的自然垄断性及资金和技术密集性决定了政府必须对其进行监管。

（一）防止电力产业自然垄断属性的过度膨胀

在发电、输电、配电、售电 4 个环节中，发电和售电的市场选择性较大，不具备自然垄断性，输电领域和配电领域则需要进行科学规划线路，以防造成重复建设、资源浪费，降低电力产业的效益。电力行业配电和输电的自然垄断性不仅会造成资源的浪费，损耗消费者利益，而且还会降低社会福利的效益，所以，政府必须对电力行业实施监管，以控制电价的方式，将市场难以解决的问题进行优化解决，合理把握企业和消费者的利益关系，使双方的利益都得到充分保证。

（二）为经济和社会发展提供更有力的保障

各行各业的发展都离不开电力行业的支持，电力行业发展的稳定性和电价的合理性，决定了我国国民经济成本水平。电力为公共产品，是民众生活、工作、发展的基本产品，政府对于电力行业的稳定性和市场供给的可靠性、安全性负有责任，需要有效保证民众享受到合理、稳定的用电服务。由于我国经济发展水平和资源分布的不平衡，有些地区存在缺电的问题，政府出面监管和调控可以使资源配置更优，由此让社会生产、各个地区的民众生活得到基本保证

（三）促进电力的普遍服务工作

对于社会民众来说，电力服务是一种普遍性服务，此类服务的特点就是需要涉及全国各个地区，除了发达地区、内陆地区之外，所有的偏远地区和落后地区也需要被涵盖在内，如果政府不对这样一项工作进行充分监管，市场中的企业出于对利润的追求，可能会集中到发达地区去发展，这不符合电力服务的普遍性要求，无论各地利润水平的差距有多少，电网企业都需要对民众提供平等的服务，想要做到这一点，需要监管部门制定各类强制性规范对电力企业进行监管。

三、电力行业监管的基础性规定

（一）监管机构

我国电力改革以来，成立了国家电力监管委员会。到 2013 年，该机构并入国家能源局，同时，由于我国客观的历史因素以及我国的特殊国情，除国家能源局以外，在涉及各部对口业务时，其他政府组成部门对电力产业也具有一定的监管权力。

1. 国家能源局

国家能源局的主要的职能是负责审查批准市场准入；发放从业许可证；防止发电企业在市场的垄断行为；在输电领域监督电网的运营；监督电网与发电企业是否按照国家的规定从事运营业务；对电力调度机构的运行状况进行监管；对供电企业服务质量的监管；对整体电力生产使用的安全监管；对市场电力价格的监管。

2. 财政部

财政部的主要职责就是负责企业制定企业的财务准则以及核准企业的财务成本。

3. 国有资产监督管理委员会

国有资产管理委员会是我国大型央企的行政管理者，其负责各企业人事任免，负责企业重大发展战略、决策等。

4. 各级工信部门

工业和信息化部门是我国工业信息业的主管部门，同时也是电力产业的主管部门，从国家到地方都有不同级别的机构设置，对电力产业的管理可以说是全方位。由于国家能源局的机构设置并没有到地方末端，所以很多监管职能落到了各地的工信部门。

（二）监管对象

根据《电力市场监管办法》（国家电监会令〔2005〕第 11 号）第七条的相关规定，只要从事电力产业相关交易、运营的参与者，都应当是监管机构监管的对象。对从事电力市场业务的企业，首先要获得主管部门的行政许可权，准许其在一定的范围内从事电力相关的业务经营行为。依据《中华人民共和国电力法》的相关规定，政府鼓励和引导国内外经济组织和个人依法投资发电，建立发电公司。五大发电集团指的是中国大唐集团有限公司、中国华电集团有限公司、中国华能集团有限公司、中国电力投资集团公司以及中国国电集团公司。两大电网指的是负责北方地区业务的国家电网有限公司；以及负责南方地区的中国南方电网有限责任公司。同时，存在着一些地方性的小型电网公司，如陕西地方电力集团有限公司。

（三）监管制度

目前，我国监管的制度中，由国务院在 2005 年 5 月实施的《电力监管条例》明确规定了监管机构的职责以及法律责任。在法律责任中对监管者自身的行为，提出了法律上明确的规定；避免监管机构独立于整个国家的监管体系，防止执法者对权力的滥用；除规定执法者的法律条文外，同样赋予了监管者在监管行为过程中的行政执法权，以及行政处罚权。处罚权的行使以责令改正、罚金两种形式为主要手段，对于构成犯罪的，则移交司法机关进行处理。

四、电力行业监管的内容

电力监管法律是电力监管机构引导、管制和调整发电、电网企业及电力交易机构等组织及其生产、经营与交易行为的一系列规则的总和。电力监管机构据此规则对市场资源进行尽可能优化的配置。1996 年以前，我国关于电力行业的立法主要有《电网调度管理条例》《电网调度管理条例实施办法》等。《中华人民共和国电力法》是全国人大制定的第一部专门规范电力行业的法律，关于电力行业的行政法规和部门规章还有《电力供应与使用条例》与《供用电监督管理办法》(电力工业部1996年第4号令发布)等。《电力体制改革方案》(国发〔2002〕5号)为中国新一轮电力体制改革确立了“打破垄断、厂网分开、逐步建设可竞争的区域市场和完备的监管体系”的目标。《电力监管条例》是我国第一部专门规范电力行业监管的行政法规，这一条例从总体上规定了电力监管的任务与责任。首先，电力监管法律制度的任务是维护电力市场中电力投资方、生产经营企业、用电用户等主体的权益，并保障电力生产安全、稳定和可持续发展。其次，电力市场监管部门的责任包括电力规章的制定、发布与电力市场生产、经营、交易行为及安全的监管。此后，《电力市场监管办法》《供用电监督管理办法》等规章为规范电力监管权力的运行提供了法律渊源。现归纳我国电力行业监管法律法规规章，电力行业监管的主要内容如下。

(一)电力安全生产监管

2005年国务院公布的《电力监管条例》以行政法规的形式明确了电力监管机构的电力安全监督管理职责。电力监管机构按照国家有关规定组织或者参加电力生产安全事故的调查处理。国家发展和改革委员会制定了《电力安全生产监管办法》等部门规章，出台了若干电力安全工作的办法、措施。国家电力监管委员会建立了安全生产协调、电力安全生产标准化达标等工作机制，开展隐患排查治理，推进联合应急演练提升应急管理能力，应对自然灾害，开展重大活动电力保障。2006年，电力可靠性管理被正式纳入国家电力监管委员会监管体系，国家电力监管委员会颁布实施《电力可靠性监督管理办法》，是全行业电力可靠性管理工作的依据。2017年，国家发展和改革委员会、国家能源局联合发布了《关于推进电力安全生产领域改革发展的实施意见》，该意见明确，企业履行电力安全生产主体责任；行业履行电力安全生产监管法定责任，即国家能源局及其派出机构履行电力行业安全生产监督管理责任，指导地方电力管理等有关部门加强电力生产管理相关工作；地方履行电力安全生产法定责任，即按照“管行业必须管安全、管业务必须管安全、管生产经营必须管安全”的原则，地方各级政府电力管理等有关部门履行地方电力安全管理责任，将安全生产工作作为行业管理的重要内容，督促指导电力企业落实安全生产主体责任，加强电力安全生产管理。

(二)市场秩序监管

颁发和管理电力业务许可证是国务院赋予电力监管机构的行政许可职能，国家电力监管委员会制定了3个规章，开展电力业务许可证(发电类、输电类、供电类)、承装(修、试)电力设施许可证和电工进网作业许可证的颁发和管理工作，履行市场准入监管职责。价格成本监管方面，出台跨区域输电价审核、输配电价格成本审核、输配电成本监管、电力辅助服务收费管理和电价监督检查管理等方面规定，对跨区域输电价格进行审核和调整，开展价格检查，按照一定时期发布电力工程造价信息。电力交易监管方面，出台了《跨省跨区电能交易基本规则》等与跨省跨区电力交易相配套的规章、规章和制度，在交易方式主要为计划安排的情形下探索跨网协商交易、电力调度指标化等促进跨区跨省电力交易的机制，试行并网发电厂辅助服务补偿及运行管理考核机制。

（三）电力稽查

电力稽查是电力监管的事后控制部分，其直接作用是发现电力违法违规行为，并为电力监管机构做出行政处罚决定而收集证据、查明事实。国家电力监管委员会颁发有关电力稽查业务的规章 5 部、规范性文件 6 个以及 62 种文书样式，建立投诉举报处理机制、电力争议调解和裁决机制、违法违规行为查处机制。电力监管机构查处违法违规，采取通报、责令改正以及行政处罚等方式进行处理。对突出问题开展专项治理，较为典型的是对供电企业为用户受电工程指定设计、施工和设备材料供应单位行为的专项治理。个别情况下援引《供电监管办法》中“对直接负责的主管人员和其他直接责任人员，依法给予处分”的相关条款，采取经济处罚、调离岗位等形式处理相关单位责任人员。

第二节 电力安全生产监管

一、电力安全生产概述

电力安全生产是为了在电力生产过程在符合物质条件和工作秩序下进行，防止发生人身伤害和财产损失等生产事故，消除或控制危险有害因素，保障人身安全与健康，保障设备和设施免受损坏，环境和社会公共资源免遭破坏的总称。

（一）电力安全生产的特征

电力安全生产与其他行业的安全生产有相同之处，同时又与其他行业的安全生产有所区别，电力行业的专属性决定了电力行业安全生产存在公用性、高危性、连锁性、外侵性、复杂性等特征。

1. 公用性

电力作为一种优质的二次能源，使用方便，得到了广泛的应用。企业的生产，人民的生活，特别是人们沟通所依赖的通信、广播、电视等时刻都离不开电力的持续稳定供应，一旦电力安全生产出现问题，国民经济将受到影响，人民的生活将非常艰难，甚至会诱发社会的不稳定，直至影响国家的安全。电力安全是公共安全的重要组成部分。电网事故是灾难性事故，会给国家、社会、人民的生活带来严重的后果。

2. 高危性

电力安全生产的高危性是由于电力生产过程中涉及的危险源决定的。工业环境中电力、转动机械、高温、高压、高空作业、化学有毒物质、锅炉压力容器、易燃易爆物品等危险源都大量存在，电力行业是高危安全风险的行业之一。

3. 连锁性

电力系统由许多不同类型的发电厂、不同电压等级的输配电线路和相关变电、配电、用电设施组成，同时由十分复杂的二次控制系统控制，构成一个十分复杂的电力生产、流通、分配、消费过程。在这个过程中，发、供、用电同时进行，一次性完成并随时处于平衡，电力生产的这些内在特点要求电网运行必须安全、稳定、可靠，任何一个环节发生事故，若不能及时排除，都可能带来连锁反应，导致设备严重损坏或大面积停电，甚至可能造成全网崩溃的灾难性事故。

4. 外侵性

电力安全生产的外侵性主要体现在电力系统的安全稳定运行不仅与电力系统本身的状态相关，而且容易受到外部不利因素的影响。洪水、台风、雷电、山火、地震、冰冻等自然灾害，环境污染，以及外力破坏和电力用户的事故都有可能诱发电力生产事故的发生。

5. 复杂性

电力生产的复杂性主要体现为：①电气设备多（包括高压和低压），各种类型的触电及电气误操作事故风险较高；②高温、高压设备多，容易引发人身群伤群亡事故；③易燃、易爆和有毒物品多；④高速运转机械多；⑤特种作业多；⑥作业条件差和施工环境不良等；⑦电力设备制造工艺复杂；⑧分布区域广，牵涉行业多。

（二）电力安全生产目标

依据《国家电网公司安全生产工作规定》第九条规定，国家电网有限公司系统安全生产的总体目标是防止发生对社会造成重大影响、对资产造成重大损失的人身死亡、大面积停电、大电网瓦解、主设备严重损坏、电厂垮坝、重大火灾这 6 种事故。

区域电网公司、集团公司、省电力公司安全生产目标是：①不发生人身死亡事故；②不发生特大电网、设备事故；③不发生有人员责任的重大电网、设备事故；④不发生重大火灾事故；⑤不发生重大施工机械设备损坏事故。

输变电、供电、发电、集中检修和施工企业安全生产目标是：①不发生人身死亡事故；②不发生重大电网事故；③不发生重大设备事故；④满足百日安全个数。

网省公司调度部门安全生产目标是：①不发生人身轻伤及以上事故；②不发生一类障碍及以上事故。

输变电、供电、发电、集中检修和施工企业，实行安全生产目标三级控制：①企业控制重伤和事故；②车间（含工区、工地，下同）控制轻伤和障碍；③班组控制未遂和异常。

（三）国家电网有限公司安全生产责任制

国家电网有限公司对落实安全生产工作责任非常重视，在《国家电网公司安全生产工作规定》中明确了安全责任制，并规定：公司系统各级行政正职是安全第一责任人，对本企业的安全生产工作和安全生产目标负全面责任。各部门、各岗位应有明确的安全职责，做到责任分担，并实行下级对上级的安全生产逐级负责制。公司系统内母公司对子公司实行安全生产责任追究制度，包括对经营者进行责任追究。

各单位行政正职是安全第一责任人，其基本职责主要有：

（1）负责建立健全并落实本企业各级领导、各职能部门的安全生产责任制。

（2）亲自批阅上级有关安全生产的重要文件并组织落实，及时协调和解决各部门在贯彻落实中出现的问题。

（3）及时了解安全生产情况，定期听取安全监督部门的汇报，定期主持安全分析会议，及时组织研究解决安全生产工作中出现的重大问题。

（4）保证安全监督机构及其人员配备符合要求，支持安全监督部门履行职责。

（5）保证安全生产所需资金的投入，尤其保证反事故措施和安全技术劳动保护措施所需经费的提取和使用，保证安全奖励所需费用的提取和使用。

（6）组织制定本单位安全生产规章制度。

（7）组织制定并实施本单位的安全生产事故应急处理预案。

（8）及时、如实报告安全生产事故。

（9）其他有关安全管理规定中所明确的职责。

分管领导安全生产工作的基本职责是对分管工作范围内的安全生产工作负领导责任，向行政正职负责；总工程师对本企业的安全技术管理工作负领导责任，向行政正职负责。

为规范国家电网有限公司系统各级领导和部门的安全职责，落实安全生产责任制，做到各司其职，各负其责，密切配合共同搞好安全生产，制定了《国家电网公司安全生产职责规范》。该规范根据电力生产的工作流程和专业管理特点，规定了公司系统各级领导人员、车间领导人员、班组长及各职能部门安全生产的基本职责。

二、行政法律责任

（一）安全生产行政法律责任的概念

安全生产行政法律责任是指从事生产经营活动的单位及其从业人员因违反安全生产法律法规和安全生产规章制度，造成生产安全事故或危及生产安全，依法应承担的否定性的行政法律后果，包括行政处分、行政处罚和行政强制。

（二）安全生产行政法律责任的构成要件

1. 主体要件

主体要件必须是从事生产经营活动的单位及其从业人员，还应当具有法定责任能力，才能成为行政法律责任的主体。根据我国法律规定，自然人只有达到法定责任年龄并具备责任能力时，才能成为行政法律责任的主体，才能对自己的违法行为承担法律责任。对从事生产经营活动的单位，从其成立时即成为安全生产行政法律责任的主体。

2. 客观要件

从事生产经营活动的单位及其从业人员必须有违反安全生产法律法规、规章、规程和有关国家、行业标准的行为，包括积极地作为行为和消极地不作为行为。不作为行为表现为不按规定建立健全安全生产管理制度、配备安全生产工具、建设安全设施等。

3. 主观要件

从事生产经营活动的单位及其从业人员主观上须有过错，即故意或过失。因过错违反安全管理法定义务，造成生产安全事故或使生产安全处于危险状态，应当承担行政法律责任。主观上没有过错，完全因自然灾害等不可抗力造成生产安全事故的，则可免除行政法律责任。

三、违反安全管理义务的行为及行政责任

（一）保证安全生产资金投入不足的责任

生产经营单位的决策机构、主要负责人、个人经营的投资人（包括实际控制人）有未按规定缴存和使用安全生产风险抵押金，未按规定足额提取和使用安全生产费用以及国家规定的其他安全生产所必需的资金投入未依法保证，致使生产经营单位不具备安全生产条件的，责令限期改正，提供必需的资金，并可以对生产经营单位处 1 万元以上 3 万元以下罚款，对生产经营单位的主要负责人、个人经营的投资人处 5000 元以上 1 万元以下罚款；逾期未改正的，责令生产经营单位停产停业整顿；如导致发生生产安全事故，尚不够刑事处罚的，给予撤职处分，对个人经营的投资人处 2 万元以上 20 万元以下罚款，具体处罚依照《生产安全事故报告和调查处理条例》第三十八条的规定执行。

（二）不履行安全生产管理职责的责任

生产经营单位主要负责人不依法履行安全生产有关管理职责，将会承担以下法律责任：责令限期改正；导致生产安全事故，尚不够刑事处罚的，将给予撤职处分或者

处以罚款；构成犯罪的将追究刑事责任，同时自刑罚执行完毕或者受处分之日起，5年内不得担任任何生产经营单位的主要负责人。此外，还应依法暂停或者撤销其与安全生产有关的执业资格、岗位证书。事故发生单位主要负责人未依法履行安全生产管理职责，导致事故发生的，依照下列规定处以罚款：发生一般事故的，处上1年年收入30%的罚款；发生较大事故的，处上1年年收入40%的罚款；发生重大事故的，处上1年年收入60%的罚款；发生特别重大事故的，处上1年年收入80%的罚款。

（三）安全事故后不依法参与善后处置的责任

发生生产安全事故，主要负责人不组织抢救、逃避调查，不按规定上报生产安全事故，对生产安全事故隐瞒不报、谎报或者拖延不报的，将给予降职、撤职的处分或处15日以下拘留；构成犯罪的，将追究刑事责任。罚款按以下标准执行：事故发生单位主要负责人有不立即组织事故抢救、迟报或者漏报事故、在事故调查处理期间擅离职守行为之一的，处上1年年收入40%～80%的罚款。事故发生单位及其有关人员有谎报或者瞒报事故，伪造或者故意破坏事故现场，转移、隐匿资金、财产或者销毁有关证据、资料，拒绝接受调查或者拒绝提供有关情况和资料，在事故调查中作伪证或者指使他人作伪证，事故发生后逃匿行为之一的，对事故发生单位处100万元以上500万元以下的罚款；对主要负责人、直接负责的主管人员和其他直接责任人员处上1年年收入60%～100%的罚款。

（四）从业人员违反安全义务的责任

从业人员违反安全义务的行为有不服从管理，违反安全生产规章制度或者操作规程，违章指挥、冒险作业或发现违章作业不加制止；超过核定的生产能力、强度或者定员进行生产；违反安全监督部门安全监管的行为，如擅自启封或者使用被查封、扣押的设施、设备、器材，故意提供虚假情况或者隐瞒存在的事故隐患以及其他安全问题，对事故预兆或者已发现的事故隐患不及时采取措施，拒绝、阻碍安全生产行政执法人员监督检查，拒绝、阻碍安全监管监察部门聘请的专家进行现场检查，拒不执行安全监管监察部门及其行政执法人员的安全监管监察指令。从业人员有上述行为，将给予警告，并处以罚款。

四、电力企业违反法定安全义务的行为及行政责任

（一）电力工程建设违反安全义务的行为及行政责任

（1）电力建设项目违反《中华人民共和国电力法》的行政法律责任。

1）不符合电力发展规划、产业政策的，责令停止建设。

2）电力建设项目使用国家明令淘汰的电力设备和技术的，责令停止使用，没收国家明令淘汰的电力设备，并处罚款。

（2）电力建设项目违反《中华人民共和国环境影响评价法》的行政法律责任。未进行环境影响评价或环境影响评价未通过进行建设的，责令停止建设，限期补办手续；逾期不补办手续的，可以罚款，对建设单位直接负责的主管人员和其他直接责任人员，依法给予行政处分。

（3）电力建设项目违反《建设工程安全生产管理条例》（国务院令〔2003〕第393号）的行政法律责任。

1）建设单位未提供建设工程安全生产作业环境及安全施工措施所需费用的，责令限期改正；逾期未改正的，责令该建设工程停止施工。

2）建设单位要求施工单位压缩合同约定的工期，对勘察、设计、施工、工程监理等单位提出不符合安全生产法律、法规和强制性标准规定的要求的，将被责令限期改正，并处以罚款。

3）建设单位未将保证安全施工的措施或者拆除工程的有关资料报送有关部门备案的，责令限期改正，给予警告。

（4）电力建设项目违反《中华人民共和国消防法》的行政法律责任。

1）工程依法应经消防设计审核而未经审查或审核不合格而施工、工程未经消防验收合格投入使用，将被责令停止施工、停止使用或者停产停业并处罚款。

2）未依法将消防设计文件备案，将被责令限期改正，并处罚款。

3）违反要求降低消防技术标准设计、施工，将被责令改正或者停止施工，并处罚款。

（5）电力建设项目违反《中华人民共和国环境保护法》的行政法律责任。电力建设项目防治污染设施依法应当具备而没有建成或者没有达到国家规定的要求，投入生产或者使用，将被责令停止生产或者使用，可以并处罚款。

（6）电力建设项目违反《中华人民共和国水法》的行政法律责任。未经相关国家机关批准，铺设跨河电缆，将被责令停止违法行为，限期补办有关手续；逾期不补办或者补办未被批准的，责令限期拆除；逾期不拆除的，强行拆除并处罚款。

（7）电力建设项目违反《中华人民共和国森林法》的行政法律责任。电力建设项目涉及林木砍伐的，应当向林业管理部门办理批准，取得许可，否则将被责令补种并处罚款。

（二）供电营业违反安全义务的行为及行政责任

（1）未经许可，从事供电或者变更供电营业区的，责令改正，没收违法所得，可以并处罚。

（2）违反规定拒绝供电或者中断供电的，责令改正，给予警告；情节严重的，对有关主管人员和直接责任人员给予行政处分。

（3）违反规定计量电价及电费，给予警告，并责令返还违法收取的费用，可以并处违法收取费用 5 倍以下的罚款；情节严重的，对有关主管人员和直接责任人员给予行政处分。

（4）违反调度管理秩序，如未经许可，不按照上级调度机构下达的发电、供电调度计划执行，不执行调度机构批准的检修计划，不执行调度指令和调度机构下达的保证电网安全的措施，不如实反映电网运行情况的、不如实反映执行调度指令情况，调度系统的值班人员玩忽职守、徇私舞弊等，对主管人员和直接责任人员给予行政处分。

（5）违反规定未取得电力业务许可证擅自经营电力业务的，由电力监管机构责令改正，没收违法所得，可以并处违法所得 5 倍以下的罚款。

第三节 电价监管

一、电价监管法律制度

电价（电力价格）不仅指所有电力产品的价格，还包括电力商品服务的价格，集合了电力从生产经过输配，直到销售的全过程，因此，依据《中华人民共和国电力法》第三十五条规定，电价指电力生产企业的上网电价、电网间的互供电价、电网销售电价。电价实行统一政策，统一定价原则，分级管理。作为一种特殊的商品，在实际的电力市场中，电价不只是一种或是一个独立的价格，电价是一个整体的价格体系，是连接电力投资者、生产经营者以及电力用户之间利益的纽带。

电价对电力企业的生存与发展至关重要，宏观上，电价改革直接影响电力体制改革的进展，微观上，电价是针对电力企业生产和用户电能消费进行间接调节的最主要手段。其中，上网电价涉及发电与输电市场两个环节，是发电企业作为电力商品的卖方对电网企业等买方提出并网要求，然后通过一系列计算确定的并网电能结算的价格；输配电价通俗来理解可类比为一种电力商品的“运费”，主要包括电网企业为发电、售电企业提供的并网、传输、辅助服务等方面的价格；销售电价简言之是电网企业将电能卖给终端用户时的售卖价格。具体而言，我国现阶段主要通过电网企业招标的方式使发电企业之间“竞价上网”，形成电量电价，加上政府制定的容量电价就组成了“两部制”的上网电价；输配电价方面，由于掌管输配环节的电网企业的资产所有权归国家，因此其价格亦由国家电力主管部门按照“准许成本”加运输的“合理收益”进行总体制定；在以上两个卖电、传输价格的基础上，电能传输到用户端进行销售的价格即为销售电价。

电价法律制度的制定与公布方面，国务院价格主管部门主要制定和公布区域电力市场及区域电力调度交易机构的容量电价以及联网、专项工程输电、省际并网、销售（输配分离前）等价格；其次省级价格主管部门主要制定和公布不参加“竞价”的发电企业并网、已独立配电企业配电以及销售（输配分离后）等价格。政府价格主管部门与国家电力监管委员会的互相协调方面，前者的主要职责在于管理与监督终端销售电价，并在其制定和调整时进行听证。后者的主要职责在于按照法律、行政法规和国务院有关规定提出电价的调整建议。二者的相互协调体现在，当前者对输配电价做出重大决策或在制定和调整销售电价时，应充分听取后者及有关市场主体的意见。

电价监管指在市场经济体制的条件下，电力监管机构（包括政府和其他监管机构以及自律性质的行业协会等）在法律规定的框架内和政府决策的指导下，对电力市场中的各环节的电价行为进行监督与管理，以确保电力市场参与各方的正当利益与公平的市场秩序。根据电价监管的定义，可归纳电价监管法律关系的三要素即监管主体、监管内容、监管对象。监管主体是行使电价监管权力的一方，主要是国家发展和改革委员会及价格主管部门等监管机构。电价监管的对象为电力市场中获得许可的发电企业、电网企业以及供电企业。电价监管的内容是根据电价监管相关的法律法规制定的电力市场各环节的电力价格和费率。

二、电价监管法律体系

我国现行电力价格形成的主要法律依据是1996年的《中华人民共和国电力法》，1998年的《中华人民共和国价格法》和2005年5月1日开始实施的《国务院办公厅关于印发电价改革方案的通知》（国办发〔2003〕62号）。依据《中华人民共和国价格法》第十九条和第二十条规定，公用企业产品与服务的定价主体是国务院价格主管部门和省、自治区、直辖市人民政府价格主管部门，同时，重要的商品和服务价格的政府指导价、政府定价，应当按照规定经国务院批准。我国电力价格实行的是政府指导定价。

依据《中华人民共和国价格法》第三十三条规定，价格法的执法主体是县级以上各级人民政府价格主管部门。依据《销售电价管理暂行办法》第六条规定，销售电价由购电成本、输配电损耗、输配电价及政府性基金构成。购电成本指电网企业从发电企业（含电网企业所属电厂）或其他电网购入电能所支付的费用及依法缴纳的税金，包括所支付的容量电费、电度电费。输配电损耗指电网企业从发电企业（含电网企业所属电厂）或其他电网购入电能后，在输配电过程中发生的正常损耗。输配电价指按照《输配电价管理暂行办法》制定的输配电价。政府性基金指按照国家有关法律、行政法规规定或经国务院以及国务院授权部门批准，随售电量征收的基金及附加。依据《输配电价管理暂行办法》第十二条规定，输、配电价向成本加收益管理方式过渡过程中，现行输、配电成本与输、配电价格差距较大的电网，逐步调整输、配电价。第十三条规定，在成本加收益管理方式下，政府价格主管部门对电网经营企业输、配电业务总体收入进行监管，并以核定的准许收入为基础制定各类输、配电价。

电力价格的规制的法律规范还包括各个部门出台的通知，比如由国家电监会2012年发布关于印发《电力业务许可证注销管理办法》的通知（电监资质〔2012〕47号），规范电力业务许可证注销管理，保护被许可人的合法权益，保障电力系统安全、稳定运行，维护公共利益。国家电力监管委员会、国家能源局发布《燃煤发电厂贮灰场安全监督管理规定》和《燃煤发电厂贮灰场安全评估导则》，进一步加强燃煤发电厂贮灰场安全监督管理，预防贮灰场安全事故。这些法律规范不仅规定了现行电力价格的构成要素、计算方式，还涉及电力行业的各个方面，影响着电力行业的规范秩序、竞争结构，直接或者间接地影响电力构成。

三、法律法规中的电价规定

（一）上网定价

1. 标杆上网电价

标杆上网电价是指对2004年及以后新投产的发电项目，按照区域根据社会平均成本，统一定价，并事先向社会公众公布的一种电价措施。标杆上网电价实行合理成本、合理收益、同期同往同价的定价原则，与竞价上网前的电价定价方式相比，它彻底实现了按社会平均成本定价，摒弃了按个别成本定价的方式；它与能源价格进行联动，有利于能源的配置和优化，提高了电厂的燃料利用率；它事先向社会公众公布，增强了电价定价的透明度，为电力投资提供了一个明确的价格信号，由事后定价转变为事先定价，增加了定价的稳定性，防止了乱定价的行为；从行政程序看，它减少了行政审批程序，提高了定价效率，防止了地方政府利用手中的行政权出台各种优惠政策，为高能耗企业提供支持。

2. 脱硫加价电价

电力企业是我国高耗能、高污染行业之一，其中二氧化硫的排放居我国各行业之首，因此电力企业是我国节能减排的重点行业，也是控制酸雨和二氧化硫污染的重点行业。在电价方面，从2004年开始，国家发展和改革委员会实行了脱硫加价电价。2007年出台的《燃煤发电机组脱硫电价及脱硫设施运行管理办法（试行）》（发改价格〔2007〕1176号），重申了脱硫加价电价制度，鼓励发电企业安装符合国家环境标准和地方环境标准的脱硫设施。

3. 可再生能源附加电价

可再生能源主要是指非化石能源，如太阳能、水能、风能、地热能、海洋能等。

国务院价格主管部门根据《可再生能源发电价格和费用分摊管理试行办法》（发改价格〔2006〕7号）对不同类型的可再生能源实行不同的定价方式，其中上网电价实行政府指导价的可再生能源类型是风力发电，实行政府定价的可再生能源类型是太阳能发电、海洋能发电和地热能发电项目，而生物质发电项目上网电价根据是否通过招标确定投资人区分实行政府定价和政府指导价。以上政府指导价的电价标准是招标确定的电价，而政府定价电价标准根据成本加利润确定。

4. 实行电价与煤价联动机制

2004年，国家发展和改革委员会发布《关于建立煤电价格联动机制的意见》（发改价格〔2004〕2909号），规定对电力价格实行竞价上网，建立市场化的煤电价格联动机制。煤电价格联动就是电价要根据煤价的市场变化进行调整。实施煤电联动价格机制，一方面能够电力用户及时地感受到能源成本的变化即能源的稀缺程度，有利于电力用户及时地调整其用电行为，增强节约能源的意识，进一步提高能源的利用率。另一方面，有利于缓解电力行业和煤炭行业的矛盾，降低电力行业对煤炭上涨联合抵制的力度，使煤价得以正常提高，促进了行业之间的协调发展。

（二）输配电价

1. 跨区域输电价格

2007年，国家电力监管委员会针对跨省区电网制定了《跨区域输电价格审核暂行规定》（电监价财〔2007〕13号）。跨区域输电价格是指区域电网之间联网的输电价格和跨区域专项输电工程的输电价格。跨区域输电价格按照合理成本、合理盈利、依法计税、公平负担的原则审核。制定跨区域输电电网设施的输电价格，为电网投资者提供了正确的价格信号，引导其合理投资；优化了电网资源配置，进一步维护了电网企业和电力用户等市场主体的合法权益，也能使更多的主体意识到电价对节能的重要意义。

2. 省区发电企业与用电大户直接交易试点的输配电价

根据国家产业政策用电电压等级在110kV及以上的大型工业企业可向发电企业直接购电，电价由供需双方协商确定，同时按电力与大用户受电电压等级之间的关系确定该用户应支付的输电价格，并缴纳随电价收取的一些费用，如政府性基金等。

（三）销售电价

1. 差别电价

差别电价是电量销售端针对高能耗用电企业，促使高能耗用电企业节能减排的一种电价政策。其目的是抑制高能耗用电企业盲目发展，直接或间接地节约能源，减少污染物的排放。具体是指对电解铝、铁合金、电石、烧碱、水泥、钢铁、锌冶炼、黄磷八类高耗能企业，区分淘汰类、限制类、允许和鼓励类实行高于其他污染小或无污染行业差别电价政策。

2. 峰谷分时电价

峰谷分时电价是指根据一天内用户用电量和电网负荷不同，将每天 24h 划分为峰段、平段和谷段 3 个时段，通过对各时段分别制定不同的电价水平，鼓励用户自觉调整用电方式，多用低谷电，少用高峰电，引导用户合理利用电力资源。实行峰谷分时电价有效地降低了电力系统的负荷，提高了用电效率，减少了因个别时段用电量大增而需临时增加电力设备所支出的费用；在用户端，峰谷分时电价可以有效促进用电用户主动节能降耗，用户也可达到节省电费的目的。

3. 阶梯电价

阶梯电价是指在销售侧将用户的用电量分成若干阶梯，每一阶梯设置不同的电量，随着用户消费电量的增长，每千瓦时的电价也在增高的电价制度。具体分析，实行阶梯式电价主要是为了在保证电力供应充足的前提下，使电价结构更合理，以反映不同居民用户的供电成本差异、减少电力用户之间的交叉补贴，同时增强用户节约用电的意识、提高能源利用效率。实行阶梯电价有利于发挥价格杠杆作用，引导居民合理用电，避免了单一电价涨价“一刀切”的缺点；有利于引导居民用户的电力需求，促使居民用户节约用电，可以减轻电网缺损的压力。

[案例 11]

2006 年 8 月，某送变电有限公司电力施工人员按市供电局工作票的任务，在前周村 1 号变第二线路 2～9 号杆将原裸铝电缆更换为绝缘电缆线的施工作业。14 时，某邮电工程建设有限公司基站代维小组人员在 2～5 号杆对面巷内将移动式发电机连接在位于巷内的移动通信发射基站发电供电，由于电源倒送电，致使 2～4 号杆柱头作业的一名电力施工人员遭电击死亡。市安监局接到事故报告，立即派人赶往现场，组织事故调查组对事故开展调查，经现场勘查、调查取证和技术分析，最后事故责任认定及处理意见为：①基站代维小组人员无特种作业操作资格证书从事电工作业，且违反相关规定进行移动自备发电，应负本次事故直接责任。根据《中华人民共和国安全生产法》规定，公司应对该人员处分。②基站代维小组负责人未建立本部门安全生产责任制，未制定安全生产规章制度和岗位操作规程，违规使用无特种作业操作资格证书人员从事电工作业，未履行安全生产管理职责，对本起事故负主要责任，根据《中华人民共和国安全生产法》有关规定，对代维小组负责人予以行政处罚。③移动某分公司对通信发射基站未按照《省电网用户不并网自备发电机管理办法》办理相关手续，对外包施工单位违反“不并网自备发电机与电网电源之间必须正确装设切换装置和可靠的联锁装置，确保在任务情况下，不并网自备发电机均无法向电网倒送电”“严禁使用移动式自备发电机以流动等方式给有电网供电的用户提供临时、备用电源”等有关规定，对移动自备发电监管不力，对外包施工单位人员资质审查不严，未按《中华人民共和国安全生产法》有关规定对外包施工单位的安全生产工作进行统一协调管理，对外包施工单位的安全生产条件审查不严，对本起事故应负主要责任，根据《中华人民共和国安全生产法》有关规定，对移动某分公司予以行政处罚。

问　　题：市安监局做出的行政处罚是否合理?

法律解析：该事故调查组的调查报告其依据是《中华人民共和国安全生产法》有关从业人员上岗要求和国家有关特种作业的管理规定，依据十分充分。事故中电信基站代维小组人员没有取得相应的从业资格，移动某分公司对外包施工单位的安全生产条件审查不严，受到了政府安全监督管理部门的行政处罚。

[案例 12]

2019 年 9 月 19 日，某市市场监管局接到 12345 转来的举报，反映市内 A 市场向商铺收取的电价存在违规行为，政策规定商铺电费价格应为 0.7214 元/kWh 左右，但是 A 市场一直是按照 1 元/kWh 收取商铺电费。检查人员调取了 A 市场 2018 年 3 月～2019 年 9 月相关报表账册，发现其电费的收取分为银行租户和商铺租户两种，其中银行租户电费的收取情况为 2018 年 4 月按 0.8183 元/kWh 收取，2018 年 8 月按 0.7757 元/kWh 收取，2018 年 9 月按 0.7521 元/kWh 收取，2019 年 4 月按 0.7364 元/kWh 收取，2019 年 7 月按 0.7054 元/kWh 收取，共收取电费 12559.47 元；商铺租户电费全部按 1 元/kWh 收取，2018 年 3 月～2019 年 9 月，共计收取电费 939232 元。A 市场变压器等级为不满 1kV，根据电价政策规定，2018 年 4 月 1 日一般工商业及其他用电电价为 0.7954 元/kWh，2018 年 5 月 1 日调降为 0.7757 元/kWh，2018 年 7 月 1 日调降为 0.7521 元/kWh，2018 年 9 月 1 日调降为 0.7364 元/kWh；2019 年 4 月 1 日调降为 0.7054 元/kWh，2019 年 7 月 1 日调降为 0.6715 元/kWh。A 市场对银行租户执行基本电价，按规定应在调降当月执行最新电价，但 A 市场均在次月执行，共计多收银行租户价款 393.39 元。A 市场对商铺租户执行转供电价格，转供电实行销售电价加合理损耗，2019 年 4 月 1 日后，该省规定合理损耗不超过 10%。按照规定，A 市场最终可以向商铺租户收取的最高电价为：2018 年 4 月 0.9771 元/kWh，2018 年 5～6 月 0.9574 元/kWh，2018 年 7～8 月 0.9338 元/kWh，2018 年 9 月～2019 年 3 月 0.9181 元/kWh，2019 年 4～6 月 0.77594 元/kWh，2019 年 7～9 月 0.73865 元/kWh，按照分类汇总计算，A 市场共计多收商铺租户 99089.34 元。A 市场对银行租户和商铺租户两年电费合计多收 99482.73 元。

问　　题：该市市场监督管理局能否对A市场进行处罚?

法律解析：转供电是指电网企业无法直接供电到终端用户，需由其他主体转供的行为。根据《中华人民共和国价格法》第十二条规定，经营者进行价格活动，应当遵守法律、法规，执行依法制定的政府指导价、政府定价和法定的价格干预措施、紧急措施。根据政策相关电价规定，A市场应当调整电价，但A市场未按规定下调电价，多收银行租户和商铺租户电价，市场监督管理局应当按照《价格违法行为行政处罚规定》第9条等规定，结合A市场在调查期间的表现，做出从轻或减轻行政处罚。

参 考 文 献

[1] 张志铭. 转型中国的法律体系建构 [J]. 中国法学，2009（2）.

[2] 于来福. 供电企业如何应对法律风险 [J]. 农村电工，2012（12）.

[3] 柏兰. 论供用电合同的若干法律问题 [D]. 重庆：西南政法大学，2013.

[4] 黄怡. 我国电费类诉讼案例分析 [J]. 能源技术经济期刊，2010（6）.

[5] 严小恺. 徐州电力企业窃电防控管理系统设计与实现 [D]. 大连：大连理工大学，2015.

[6] 司永辉. 供用电合同管理风险的识别与评价研究 [D]. 保定：华北电力大学，2012.

[7] 梁燕. 浅谈如何做好电网统一调度工作 [J]. 广西电业，2011.

[8] 李坚. 电网运行及调度技术问答 [M]. 北京：中国电力出版社，2004.

[9] 杨秧. 基于安全性评价的输电网调度模式研究 [D]. 北京：华北电力大学，2012.

[10] 陆荣华. 电力安全监督 300 问（第二版）[M]. 北京：中国电力出版社，2008.

[11] 王谷承，谭凯. 电力设施保护工作实务 [M]. 北京：中国电力出版社，2012.

[12] 曾翔. 电力市场改革现状分析与政策建议 [J]. 宏观经济管理，2018（01）.

[13] 徐熙. 苏州电力行业的政府监管研究 [D]. 苏州：苏州大学，2018.

[14] 袁姗姗. 我国电价监管立法问题研究 [D]. 华北电力大学，2013.